O Bolsa Família e a social-democracia

Confira as publicações da Coleção FGV de Bolso no fim deste volume.

FGV de Bolso
Série Sociedade & Cultura 31

O Bolsa Família e a social-democracia

Débora Thomé

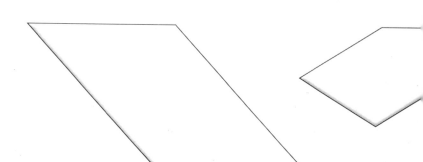

Copyright © Débora Thomé

1ª edição — 2013

Impresso no Brasil | Printed in Brazil

Todos os direitos reservados à EDITORA FGV. A reprodução não autorizada desta publicação, no todo ou em parte, constitui violação do copyright (Lei nº 9.610/98).

Os conceitos emitidos neste livro são de inteira responsabilidade do autor.

COORDENADORES DA COLEÇÃO: Marieta de Moraes Ferreira e Renato Franco
COORDENAÇÃO EDITORIAL E COPIDESQUE: Ronald Polito
REVISÃO: Marco Antonio Corrêa e Tarcisio de Souza Lima
DIAGRAMAÇÃO, PROJETO GRÁFICO E CAPA: dudesign

**Ficha catalográfica elaborada
pela Biblioteca Mario Henrique Simonsen/FGV**

Thomé, Débora
　　O Bolsa Família e a social-democracia / Débora Thomé. - Rio de Janeiro:
Editora FGV, 2013.
　　158 p. - (Coleção FGV de bolso. Série Sociedade & cultura)
　　Inclui bibliografia.

　　ISBN: 978-85-225-1378-9

　　1. Brasil – Política social. 2. Políticas públicas – Brasil. 3. Bem-estar social –
Brasil. 4. Programa Bolsa Família (Brasil). 5. Programas de sustentação de renda
– Brasil. I. Fundação Getulio Vargas. II. Título. III. Série.

CDD – 361.610981

Editora FGV
Rua Jornalista Orlando Dantas, 37
22231-010 | Rio de Janeiro, RJ | Brasil
Tels.: 0800-021-7777 | 21-3799-4427
Fax: 21-3799-4430
editora@fgv.br | pedidoseditora@fgv.br
www.fgv.br/editora

Para meu pai Mauro e minha mãe, Denise,
que me ensinaram a amar a democracia e os livros.

Para meus filhos, Francisco e Rosa, na esperança
de que eles vivam em um Brasil cada vez mais igualitário.

Sumário

Prefácio   9

Introdução   13

Capítulo 1

Quando tudo começa: a social-democracia
e o estado de bem-estar europeus   23

Capítulo 2

Origens e trajetórias das políticas de bem-estar
no Brasil   61

Capítulo 3

Social-democracia à brasileira   93

Capítulo 4

O Bolsa Família e os programas de transferências
condicionadas   109

Conclusão 139

Referências 143

Prefácio

Uma das discussões que sempre me atraíram na ciência política das conversas informais foi: o que diferencia uma política popular de uma política populista? Essa pergunta me parecia intrigante. Afinal, se os governantes eram eleitos para levar adiante determinadas agendas políticas, por que elas eram tão malfaladas por diversos atores, entre eles, parte da imprensa? Eram populistas ou populares? Assim era o Bolsa Família, no seu início e, de certa forma, o é até hoje, 10 anos depois.

Responsável por parte relevante da queda da desigualdade e da pobreza nos anos recentes no Brasil, atendendo a mais de um quarto dos habitantes do país, se o programa ainda discute caminhos para as tão faladas "portas de saída", acabou sendo a porta de entrada de milhões de brasileiros no mundo da cidadania e do consumo, bem como transformou as preferências eleitorais. Entender melhor o que diz a teoria clássica e os analistas contemporâneos ajuda a contextualizá-lo no mundo das diversas opções de políticas sociais.

Em maio de 2006, com uma bolsa da Fundación Iberoamericana de Nuevo Periodismo e do Banco Interamericano de Desenvolvimento (BID), participei de um seminário que discutia temas de política social. No calor escaldante da cidade de Cartagena, na Colômbia, jornalistas e economistas de diversos países da América Latina trataram, ao longo de cinco dias, principalmente de um assunto que começava a fervilhar: os programas de transferência de renda.

Nenhum tema ocupava mais as nossas atenções do que a nova forma de fazer política social que se espalhava e se fortalecia por toda a região. Dos 20 participantes, alguns do mesmo país, 20 tinham histórias de programas de transferência condicionada para contar. A desigualdade, das maiores chagas da América Latina, dava sinais de queda, e um dos motivos era essa política social.

Dessa combinação surgiu a ideia de trabalhar com os Programas de Transferência Condicionada, o que virou uma dissertação de mestrado em ciência política, base para este livro.

A carreira de jornalista econômica, muitas vezes malvista pelos acadêmicos puristas, acabou dando a possibilidade de tratar o assunto utilizando um viés interdisciplinar: unindo textos da ciência política, da economia, da sociologia, do serviço social, entre outros que debatiam a questão. A academia deu o rigor e a disciplina para saber que era necessário ir a muitas fontes no intuito de entender melhor o passado e a atual conjuntura. E o risco de misturar alhos com bugalhos acabou trazendo novas possibilidades de uma visão multifacetada do assunto.

Ao fim, o que espero deste livro de bolso é que ele auxilie o leitor interessado na apresentação do debate sobre a social-democracia e que lhe dê algumas ferramentas e referências bibliográficas para que possa discutir a existência – ou não – de uma agenda política social-democrata no Brasil. Isso sempre com a certeza de que o exercício do estudo da política (*politics*) pode ser um elemento-chave para o entendimento das políticas (*policies*). Boa parte dos dados utilizados vai até o ano de 2012.

Os agradecimentos são muitos e não se encerram aqui. Começam à Editora FGV, pela grande oportunidade. Seguem por todos os professores – da academia ou não – que, em algum momento, me guiaram na tarefa do aprendizado e da dedicação ao conhecimento, sempre com vistas à construção de um país melhor. Agradeço à amiga Célia Muniz (*in memoriam*), por lições e estímulos primeiros, e ao meu orientador do mestrado, Fabiano Santos, por ter me sugerido o tema e iluminado os caminhos; a Lena Lavinas, por fazer política da economia e vice-versa. Sobretudo, agradeço a Octavio Amorim Neto, amigo incansável nas correções e sugestões, sem o qual não haveria mestrado, dissertação e muito menos livro. Agradeço à amiga e eterna chefe Miriam Leitão, por ter me apresentado tantos assuntos fundamentais e pela generosidade. Por fim, agradeço a meu marido, Antonio Gois, o primeiro leitor.

Introdução

Não há ideal que não seja impelido por uma grande paixão.
A razão, ou melhor, o raciocínio que produz argumentos pró
e contra para justificar escolhas de cada um diante dos demais
e, acima de tudo, diante de si mesmo, vem depois.

Norberto Bobbio (1995)

Da política

Em 1917, pela primeira vez, o Partido Social-Democrata sueco participava de um governo. Poucos anos depois, já era líder da coalizão governativa. Fruto da união entre trabalhadores e setores agrários, o partido foi eleito e manteve-se no poder por mais de 60 anos, com interrupções ocasionais, aplicando exitosas – e caras – políticas de bem-estar, universalistas, de emprego, saúde, educação, previdência, entre tantas outras. Naquele tempo, o mundo não tinha ainda enfrentado a Segunda Guerra Mundial; não havia livre circulação de capitais e produção; os países não eram tão dependentes do petróleo, nem tinham passado por duas grandes crises ligadas ao preço da matéria-prima. Naquele contexto, principalmente após a Segunda Guerra Mundial, não apenas a Suécia como também outros países optaram por uma forma de governar que mantinha o sistema capitalista, mas visava a proteger seus cidadãos contra um dos maiores riscos em uma sociedade de mercado: a pobreza.

Desde então, e lá se vai quase um século, o mundo se transformou. As economias se integraram, a Europa formou um grande bloco (que agora já ameaça ruir), boa parte da produção dos países desenvolvidos se transferiu para a Ásia, a grande maioria dos países socialistas se tornou capitalista e, em um canto muitas vezes esquecido do planeta, a América Latina, partidos de esquerda ou centro-esquerda, em um contexto democrático, começaram a vencer eleições a partir dos anos 1990 e ter o direito de exercer seus mandatos. Neste cenário, optaram também por políticas próprias, com objetivos semelhantes: reduzir os riscos para seus cidadãos diante das intempéries do mercado.

Parte da literatura que trata dos estados de bem-estar (*welfare states*) preferia classificá-los, bem como suas políticas, dentro de um contexto restrito. Assim, apenas se poderia encontrar um legítimo estado de bem-estar se o mesmo se apresentasse na Europa do pós-Segunda Guerra Mundial (Pimenta de Faria, 1998), ou se atendesse determinados padrões de consenso interclasses e universalismo (Esping-Andersen, 1990). Tais prerrogativas isolavam a definição em um espaço muito reduzido diante de sua possível abrangência; políticas híbridas e variantes eram desconsideradas.

Mas os tempos mudam, os cenários são alterados e as políticas também precisam se readequar. Esping-Andersen (2007) e Esping-Andersen e colaboradores (2002) estiveram entre os primeiros a rever, inclusive, seus próprios argumentos e passar a considerar que novas formas políticas podem, sim, ser integradas ao modelo social-democrata de governar. Entre outros motivos porque, em um momento de maiores restrições, houve a necessidade de que se desenhassem e se produzissem novas políticas de proteção social para o estado de bem-estar.

Castles e Pierson (2007) afirmam que uma boa parte dos Estados modernos pode hoje ser considerada um estado de bem-estar. No caso latino-americano, a existência de uma linha de políticas social-democratas na região vem sendo tema de estudos de autores, tais como Huber (1996), Lanzaro (2009) e Santos (2009). Segundo eles, os recentes governos de partidos ligados às classes trabalhadoras têm optado por uma agenda de políticas semelhante à dos partidos social-democratas da Europa; ainda que não se possa dizer que nas mesmas intensidade e amplitude que a dos países europeus. Portanto, cabe avaliá-la de forma não preconceituosa, sem estabelecer um modelo como ponto ótimo necessário.

Os exemplos na história demonstram que uma política de *welfare* não necessita a presença de um partido social-democrata no poder, porém, eles podem priorizar agendas que tenham um caráter mais acentuado de busca pela igualdade. Assim, o espaço da disputa partidária e das instituições democráticas continua sendo de fundamental importância na decisão e aplicação das políticas típicas da social-democracia (Garrett, 1998; Kitschelt, 1994; Boix, 1998), não apenas na Europa, mas também na América Latina e, mais especificamente, no Brasil, significando diferentes padrões de distribuição de preferências e alocação de recursos.

Isso posto, como poderia uma política aplicada contemporaneamente, fora do espaço geográfico tradicional dos partidos social-democratas e inserida em outro contexto mundial, encaixar-se na mesma classificação ou em classificação análoga? É justamente essa discussão que se traz à tona aqui. Ela muito tem a contar do caminho trilhado pela política social brasileira nos últimos anos.

De certa forma, a ciência política se interessou pouco por este debate nos tempos recentes. As abordagens sobre política social acabaram sendo relegadas a outros campos das ciências humanas e sociais, tais como a economia e a sociologia. Um dos motivos para este afastamento era a ideia de que, diante das prerrogativas de austeridade fiscal econômica e globalização, pouca margem restava para as ações políticas. Os partidos não conseguiriam mais implantar opções distintas de política social. Esquerda e direita teriam fundido suas opções em vários campos, vivendo à mercê dos imperativos e das limitações econômicas.

O resgate do papel da política na formulação e implementação das políticas públicas, ou, mais especificamente, das políticas sociais, faz-se, dessa forma, fundamental. A despeito de todas as restrições econômicas, a política continua viva; vivíssima. E, em uma democracia representativa, são os partidos que permanecem como o canal capaz de verter as diferentes opções de agenda. Isso tanto em seus mandatos no Executivo, quanto no Legislativo.

Consensos políticos e instituições fortes são necessários como forma de levar adiante políticas bem-sucedidas de bem--estar, as quais consigam atingir objetivos de igualdade sem condenar a eficiência. Diretamente: a política importa e faz diferença, pois ainda é nesta arena que ocorrem o debate, a resolução de conflitos e o estabelecimento de agendas em busca do desenvolvimento econômico e social.

Da desigualdade

A existência da desigualdade no Brasil é tão antiga quanto o próprio país, ou mais. No entanto, o termo desigualdade entra no léxico preferencial de campanhas e políticas públicas apenas a partir das últimas décadas. Tal como se mencionava outrora o combate à pobreza (e as doenças e mortalidade dela recorrentes), a luta contra a hiperinflação ou os direitos trabalhistas, o mote que sucedeu a ditadura e o malfadado período de Fernando Collor (e Itamar Franco) no poder foi o combate à desigualdade.

Wanderley Guilherme dos Santos (1979) argumenta que todas as sociedades são desiguais, mas que perdura sempre um critério de que não o sejam em graus elevados. Caso extrapole um limite considerado tolerável, a desigualdade torna-se bastante indesejada e um espaço para a aplicação de políticas públicas.

Sobre este tema, Norberto Bobbio (1995), na obra *Direita e esquerda: razões e significados para uma distinção política*, na qual defende que esta distinção ainda é válida, observa que "a diferença entre direita e esquerda revela-se no fato de que, para a pessoa de esquerda, a igualdade é a regra e a desigualdade, a exceção".

O Brasil tem um histórico de políticas sociais relativamente generosas, mas concentradas em grupos específicos da sociedade. Além disso, seguindo tradição da região, o modelo tem características contributivas: só é beneficiado por determinadas políticas quem por elas paga. Esse aspecto acaba fazendo com que a política tenha um caráter regressivo acentuado, em pouco contribuindo para a redução da desigualdade. Desde os anos de Getúlio Vargas, foi o padrão mantido. Por beneficiar um grupo, tinha pouca margem de manobra e transformação. A política social, nascida dentro do Estado e não como resultado de pressão de grupos sociais, acabou tomando aspectos considerados pouco democráticos e constituindo a denominada "cidadania regulada" (Santos, 1979).

Ratificando esta análise, segundo Arretche (1995), "a implementação (ou não) de políticas sociais regidas por princípios ligados aos interesses emancipatórios da classe trabalhadora é, na verdade, reveladora da forma pela qual se resolveu em cada país o conflito distributivo". O conceito de cidadania regulada muito se ajusta para melhor entender a forma como se estabeleceram as políticas sociais no Brasil, bem como para compreender o que pode ter se modificado nesse cenário nos anos recentes. Dito em outras palavras, trata-se de analisar como a política dentro do âmbito da disputa por um espaço na representação ou da atuação dos grupos de pressão se transfigura na política como forma de política pública. Ou como *politics* viram *policies*. Tal aspecto varia em larga medida de acordo com cada país que se estude ou ao se observarem as diferentes configurações de poder e alianças estabelecidas.

As recentes mudanças políticas por que vêm passando alguns países latino-americanos (o Brasil inclusive) estão transformando, ao menos, em uma visão pouco generosa, o caráter contributivo da nossa proteção social. Isso representa uma mudança substancial no modelo da região.

Feitas essas três considerações, quais sejam: a possibilidade de um deslocamento no conceito de social-democracia, a criação de um consenso em torno do combate à desigualdade e a importância da política, um quarto ponto merece destaque: a redemocratização do Brasil.

Finda a ditadura em 1985, o país se viu em um cenário de altos índices de desemprego, pobreza e indigência. Essa era a realidade brasileira e de alguns vizinhos nos anos 1980 e em boa parte dos anos 1990. A partir de meados dos anos 1980, países da América Latina começaram a implementar a agenda ortodoxa do neoliberalismo. Seguiam o "Consenso de Washington", que tem entre seus elementos essenciais: a estabilização macroeconômica por meio de uma política monetária restritiva, a liberalização dos mercados e a redução do Estado através de privatizações. Essas políticas inicialmente provocaram uma deterioração da crítica situação social. Era, portanto, premente a aplicação de programas que fossem capazes de reduzir tais exposições ao risco. A questão é que esses países também enfrentavam restrições orçamentárias, fruto da crise financeira dos anos 1980.

A democracia surge como um espaço em que os trabalhadores podem defender melhor seus interesses, tendo em vista que estão naturalmente em situação de desvantagem (Przeworski, 1985). Não era mais possível resistir às demandas populares, muitas vezes expressadas pelo próprio voto, por políticas que visassem à sua proteção. As políticas sociais aplicadas até então – a maioria delas elitizada e concentrada em grupos reduzidos – não eram mais suficientes diante deste novo quadro democrático. "Muitas vezes, grupos e organizações sociais emergem como resultado de uma nova, ou mesmo rotineira, política governamental e começam a articular demandas e gerar pressões" (Santos, 1979).

A redemocratização teve, assim, papel fundamental no estabelecimento de novas políticas de proteção social e fez com que governos dessem prioridade a políticas sociais redistributivas, reduzindo a concentração em pensões, de caráter sabidamente regressivo (Barberia, 2008). Diferentes coalizões acabaram resultando em diferentes alocações de recursos em políticas sociais. Na Europa, muitas décadas antes, a ampliação do direito ao sufrágio foi também o que formou e fortaleceu o apoio aos partidos social-democratas, pois eles passaram a atender justamente às demandas de grupos que buscavam respostas às suas necessidades não contempladas (Tavares, 2003).

A "Constituição Cidadã" de 1988 desempenha fundamental papel neste processo. Tal como descreve Boschi (2010),

> Conquanto limitada, a abrangência da política social, no sentido da inclusão progressiva de categorias sociais no âmbito da "cidadania regulada", bem como em termos do alcance e das áreas de proteção, atinge o ápice com a universalização dos direitos sociais na letra da Carta de 1988.

O aumento do poder das esquerdas no Brasil, mais precisamente do Partido dos Trabalhadores (PT), sinalizava que havia uma demanda crescente por um Estado com maior participação, e a esfera mais favorável para tanto era a das políticas sociais. Partidos de esquerda – alguns associados a sindicatos, estruturados, contando com apoio de grupos tradicionalmente mal representados – começaram a ampliar sua presença até chegar, no caso do PT, a ocupar a presidência propriamente dita, em 2003.

Estes ingredientes reunidos – desigualdade como uma das preocupações centrais, redemocratização e chegada das esquerdas ao poder, globalização e austeridade fiscal, para citar apenas alguns aspectos – acabaram favorecendo o desenvolvimento e fortalecimento de uma política social de nova geração: os Programas de Transferência Condicionada. Essas políticas, condicionadas e focalizadas, atendem sobretudo famílias com crianças, abaixo de uma determinada linha de pobreza, e têm exigência de contrapartidas por parte do beneficiado, como presença na escola e vacinação (no caso brasileiro).

Tais políticas receberam apoio político e financeiro dos organismos e bancos de fomento internacionais, como o Banco Mundial e instituições ligadas à Organização das Nações Unidas (ONU), e passaram a ter presença constante. No Brasil, o atualmente chamado Bolsa Família, nascido Bolsa Escola, atendia a mais de 27% da população em 2013 e teve grande relevância nos recentes queda da desigualdade e aumento da renda (Barros et al., 2006; Soares e Sátyro, 2009).

Entretanto, não obstante avaliações positivas do modelo, grande abrangência, boa aprovação do eleitorado e bons resultados, o programa de transferência brasileiro continua sofrendo duras críticas. Elas vêm principalmente de setores mais à direita, que observam no Bolsa Família resquícios de velhas propostas clientelistas e o acusam de induzir ao "efeito preguiça". E também por parte da esquerda, que condena políticas não universais e que ampliem o papel do Estado como provedor de bens, incentivador do consumo, em vez de fortalecer sua atuação na provisão de serviços, como saúde e educação.

Ante as transformações nas políticas da social-democracia, decorrentes da globalização e de um momento de maior escassez de recursos, mudaram não apenas as alianças dos partidos social-democratas, mas também a natureza de suas políticas de promoção do bem-estar. No entanto, mantiveram-se a preocupação com a igualdade e com um Estado responsável por interceder na melhoria da provisão de bens e serviços para estratos sociais que se encontram mais vulneráveis às intempéries do mercado. A novidade é que essas características podem ser observadas não apenas nas fronteiras europeias, mas também para além desse espaço.

Além desta introdução, este livro é constituído por mais quatro capítulos e a conclusão. No próximo, será traçado um histórico das políticas social-democratas desde o seu nascedouro, teórico e prático, na Europa da primeira metade do século XX, até as crises dos anos 1970 e 1980. O segundo e o terceiro capítulos vão se dedicar ao estabelecimento da proteção social no Brasil, levando em consideração os grupos que atuaram na formação de tais políticas. Por fim, o quarto capítulo analisará o papel do Bolsa Família como um exemplo da experiência social-democrata no Brasil.

Capítulo 1

Quando tudo começa: a social-democracia e o estado de bem-estar europeus

> *São cinco os princípios da democracia,*
> *são cinco e, juntos, totalmente suficientes.*
> *Liberdade, participação, diversidade, solidariedade,*
> *igualdade.Cada um separado já é uma revolução.*
>
> *Herbert de Souza. In: Vários (1996).*

Conhecer as principais teorias que dizem respeito ao estabelecimento da social-democracia e dos estados de bem-estar na Europa é caminho fundamental para discutir diversas questões, entre elas, o desenvolvimento deste modelo de política em outras regiões do planeta.

Para tal propósito, o capítulo começa apresentando as ideias de Eduard Bernstein, um importante ponto de partida para a análise do desenvolvimento da social-democracia; o marco de rompimento do socialismo, criando um novo paradigma. Em seguida, a definição de termos ajuda a estabelecer as distinções entre a social-democracia e o estado de bem-estar; bem como se expõem as classificações e os modelos apresentados na literatura. Tais modelos são relativos, sobretudo, aos momentos de auge da aplicação das políticas social-democratas.

Outra abordagem, também bastante relevante, diz respeito ao contexto macroeconômico: primeiramente, a aplicação das políticas keynesianas e depois a crise por que passaram os países desenvolvidos, a qual fez com que, diante da escassez de recursos financeiros, tivessem de repensar suas políticas sociais. A mudança acabou resultando em uma preocupação quanto às políticas de proteção aos cidadãos.

O socialismo evolucionário de Bernstein

Governos social-democratas foram estabelecidos, sobretudo na Europa, na primeira metade do século XX, no pós-Segunda Guerra Mundial. Os primeiros ideários da social-democracia, porém, remontam ao fim do século XIX. Tais premissas – ainda que sem essa denominação – surgem como a flexibilização, proposta por Eduard Bernstein, de algumas das teorias do socialismo. O seu "socialismo evolucionário" tinha um propósito inicial: refutar o que considerava utopia na teoria marxista, concentrando esforços nos elementos "realistas e idealistas" do movimento. Para ele, era necessário ampliar os direitos sociais, políticos e econômicos dos trabalhadores alemães. Aí residia a grande transformação, o melhor caminho para a conquista do poder.

As ideias defendidas por Bernstein, a gênese da social-democracia, compreendiam políticas que tinham relação direta com a melhoria do bem-estar do trabalhador, entendido, naquele momento, como o provedor, homem, chefe de família.

Já em seu marco teórico original, a social-democracia contempla dois aspectos fundamentais que perdurarão: trata-se de um modelo de governar que une a transformação pelo sistema, ou seja, respeitando as instituições representativas, as eleições e instâncias de poder; bem como visa a reduzir as desigualdades que emergem da própria lógica do capitalismo.

O estado social-democrata pode, assim, ser definido como aquele que existe dentro do capitalismo, contudo intervém tentando reduzir os efeitos de mercado, de modo a propiciar um maior bem-estar ao cidadão, gerando, de forma concomitante, maior bem-estar à sociedade como um todo.

O sufrágio foi marca fundamental para tal mudança. Bernstein, no seu tempo, viu no voto a possibilidade da ampliação dos direitos dos trabalhadores. Tratava-se de um instrumento fundamental de emancipação: "O sufrágio universal é apenas uma parte da democracia, embora uma parte que, com o tempo, atrairá as restantes partes" (Bernstein, 1997). A organização através dos sindicatos também estava incluída no rol de avanços que poderiam garantir uma vida melhor para a classe operária. Desse ponto partiu tal teoria, com críticas fortes ao marxismo.

Sua visão era de que se fazia necessário distribuir melhor a renda, atingir um nível em que os trabalhadores tivessem mais acesso aos serviços e direitos. Contudo, para isso, uma crise ou a revolução eram dispensáveis ou, até mesmo, indesejáveis. O socialismo poderia florescer dentro das regras existentes; e, para tanto, contaria com a força política dos trabalhadores organizados. Tal posicionamento flexível acabou fazendo com que fosse expulso do Partido Socialista Alemão.

Para Bernstein,

> Toda a atividade prática da democracia social está dirigida no sentido de criar circunstâncias e condições que tornem possível e garantam uma transição (isenta de erupções convulsivas) da moderna ordem social para outra mais evoluída. A implementação do socialismo bernsteiniano não mais dependia de um processo de luta de classes que gerasse o rompimento: seu modelo de implementação socialista podia começar a ser aplicado dentro do próprio cerne do sistema capitalista, através das instituições democráticas.

A grande revolução estava no direito de escolher quem seria o governante. E era no governo – não acabando com ele – que se abria espaço para a chegada do proletariado ao poder. O rompimento das estruturas não seria necessário, tendo em vista que o objetivo maior, a melhoria das condições de vida dos trabalhadores, já começava a ser alcançado por meio de políticas públicas que os beneficiavam. Tais políticas eram fruto de pressões exercidas por parte da organização dos próprios trabalhadores, fosse por meio do estabelecimento dos sindicatos, das cooperativas ou das demais associações com finalidades similares. Essas instituições, mesmo em seu período nascente, passavam a ter importância fundamental na construção de uma renda menos concentrada nas mãos de poucos capitalistas. O sistema começava a ceder nas suas formas mais excludentes diante do "avanço das organizações democráticas".

A proposta, até hoje lida por setores da esquerda como excessivamente reformista e pouco marxista, foi bastante criticada por seus contemporâneos. De fato, pode-se concluir que essa releitura da teoria socialista reflete um momento de ruptura relevante na esquerda. Nasce aí uma vertente que tinha preocupações estruturais com a igualdade, mas que considera naturais a existência e a permanência do mercado. A ampliação do Estado era vista como necessária, mas não mais nos moldes até então propostos pela esquerda.

Bernstein defende que se tratava apenas de uma readequação de parâmetros diante da nova realidade social que se configurava com a ampliação do voto; porém, outros marxistas viram nisso excessos de permissividade. Sua preocupação era com a utilidade das políticas sociais ante a perversidade natural ao capitalismo.

O relevante seria a chegada dos partidos representantes da classe operária ao poder via os meios legais, sem rupturas institucionais. O capitalismo permaneceria e o socialismo seria visto apenas como um "ideal moral". Se a crise catastrófica era insuficiente para acabar com o capitalismo, melhor seria utilizar os mecanismos e instrumentos políticos com o objetivo de transformar as relações sociais.

O capitalismo era por ele considerado fato dado; assim, as grandes preocupações deveriam estar concentradas na melhoria do bem-estar da classe trabalhadora. Em seu contexto, via como necessário ampliar os direitos sociais, políticos e econômicos dos operários alemães. O pragmatismo era evocado constantemente, bem como ressaltadas questões relacionadas à viabilidade da aplicação das políticas no *mundo real*. O Estado deveria atuar como mediador ativo nas relações entre capital e trabalho, reduzindo a exposição dos trabalhadores às intempéries do mercado. Ao criar leis que protegessem a classe operária, o Estado ampliaria a capacidade de negociação desse grupo, diminuindo o aspecto mercadológico da venda da força laboral.

Entre exemplos de tal avanço, Bernstein cita claramente a limitação das horas de trabalho:

> O dia legal de um número máximo de horas de trabalho, por exemplo, é uma verdadeira fixação de um mínimo de liberdade, traduzida pela proibição de vender livremente mais do que tantas horas por dia e, em princípio, portanto, situa-se no mesmo terreno da proibição, acordada por todos os liberais, de nos vendermos a uma escravatura pessoal.

Os socialistas decidiram ingressar no sistema representativo justamente porque tinham urgência em melhorar as condições em que se encontrava a classe trabalhadora (Przeworski, 1985). No entanto, precisaram buscar apoio em outras classes para garantir sua eleição, tendo em vista que o proletariado, na realidade, nunca constituiu maioria. A pequena burguesia foi um dos aliados neste processo, e ceder passou a ser uma prerrogativa. Assim, ao longo das décadas, o partido que começou sendo designado "dos operários" acabou se transformando em "do povo". E a causa deixou de ser a proletária (internacionalista, portanto, considerando a teoria marxista), passando a ser nacional.

O processo que fez com que os partidos social-democratas fossem buscar alianças para além da classe trabalhadora gerou um modelo de políticas que pede práticas universalistas para que as mesmas obtenham apoio. Em sua gênese, o universalismo é um dos pontos básicos, capaz de gerar a desejada solidariedade entre classes, a qual pode garantir o pagamento dos impostos e a distribuição dos serviços e benefícios pelo Estado.

Sem as premissas da universalidade e da solidariedade, seria mais difícil atrair apoios exógenos à classe trabalhadora para os partidos social-democratas. Transpostas essas diferenças, pôde-se, com mais facilidade, alcançar o poder político.

O operário altamente especializado, que fabrica instrumentos de precisão e o mineiro, o decorador de casas e o porteiro, o escultor ou modelador e o servente, levam gêneros de vida diferentes, em regra, e têm, por isso, espécies diferentes de necessidades. Onde a luta pelos seus padrões de vida não conduza à colisão entre eles, o fato de serem todos assalariados pode apagar essas diferenças em suas ideias, e a consciência de que estão conduzindo a mesma luta contra o capital pode, então, produzir uma vívida e mútua simpatia. (Bernstein, 1997)

A política do interesse comum tinha a força de atingir diversos grupos em um intuito coletivo de bem-estar. A defesa do universalismo é o que garantiria a existência da social-democracia, tendo em vista que o estado de bem-estar aparece como aquele pelo qual muitos pagam por benefícios dos quais, em diversas ocasiões, não estão usufruindo.

Ao partido cabia traçar o melhor caminho para conduzir ao fim maior do aperfeiçoamento das instituições, de tal modo que os cidadãos não mais levassem uma vida tão exposta às incertezas do capital. Não cabiam rupturas, mas, sim, a liderança e coordenação do processo de mudança. O movimento socialista seria feito de maneira coordenada, não com revoltas ocasionais de trabalhadores pouco informados ou mal organizados.

> Quando as classes trabalhadoras não possuem organizações econômicas próprias e muito sólidas e não atingiram, por meio de educação em órgãos autogovernados, um alto grau de independência mental, a ditadura do proletariado significa a ditadura de clubes de oradores e escritores. (Bernstein, 1997)

A visão de Bernstein foi adotada primeiramente pelos marxistas austríacos. Após a Primeira Guerra Mundial, foi a vez de a Suécia dar o poder ao partido social-democrata. O modelo agradava também aos teóricos suecos, que não se interessavam pela ruptura e viam com bons olhos a ideia de um "capitalismo organizado" (Esping-Andersen, 1990). Segundo Esping-Andersen: "O revisionismo sueco acreditava que as reformas políticas e sociais podiam criar, passo a passo, as condições para a transformação econômica".

A social-democracia encontrou seu grande espaço na Europa do pós-Segunda Guerra Mundial. Com os países arrasados diante da catástrofe, viu-se a necessidade de um Estado que fosse capaz de dar garantias mínimas de sobrevivência aos seus cidadãos.[1] Em muitos casos – principalmente nos países nórdicos –, setores trabalhistas conseguiram unir suas demandas às de setores agrários, buscando, assim, objetivos comuns que os agregaram e garantiram sua chegada ao poder. Entre tais objetivos estavam não apenas as políticas de proteção social, mas também políticas macroeconômicas de controle monetário, pleno emprego e coordenação de salários.

Briggs (2007) enumera cinco fatores – para além do já citado fim da Segunda Guerra Mundial – como relevantes na avaliação do estabelecimento do estado de bem-estar. A saber: a impossibilidade de permanecer adaptando o modelo de caridade (*poor laws*) do século XIX; a percepção de que havia a necessidade de leis específicas de proteção social para determinados grupos diante das externalidades negativas; a proximidade entre as leis de *welfare* e de desemprego; o desenvolvimento do *welfare* em conjunto com o desenvolvimento do próprio capitalismo e a relevância da influência dos trabalhadores na formação das leis de *welfare*.

Social-democracia, *welfare* e estado de bem-estar

Há uma série de linhas de estudo quando se trata de avaliar a evolução dos *welfare states*. Arretche (1995) desenvolve uma classificação de algumas das principais tendências e modelos de análise. Em resumo, são elas: a tese da industrialização; a do desenvolvimento do capitalismo; a da ampliação de

---

1 Skocpol (1995) argumenta que este foi um fator fundamental para que os Estados Unidos não desenvolvessem um *welfare state* no modelo dos países europeus, tendo em vista que os EUA tiveram outra vivência diante da guerra, inclusive, vendo melhoras na sua economia.

direitos e, por fim, a de uma maior organização e participação dos trabalhadores como forma política.

A primeira delas entende o estado de bem-estar como resultado da industrialização. Não apenas o modelo industrial como também a urbanização teriam destruído as estruturas familiares que antes proviam alguma proteção social. Nesse contexto, tornava-se indispensável a criação de novas instituições que garantissem o mínimo de bem-estar para a classe trabalhadora.

Uma segunda linha de estudos sobre os *welfare states* defende que o mesmo surge como uma resposta necessária diante da precariedade imposta pelo capitalismo; como uma forma de intervir na relação entre capital e trabalho. Ele nasceria no cerne do modo de produção capitalista, com o objetivo de corrigir erros e problemas criados e causados pelo próprio modelo. Claus Offe seria um dos autores desta linhagem.

Uma terceira vertente, oriunda da leitura de T. S. Marshall, vê o surgimento do estado de bem-estar como um caminho natural da ampliação de direitos, que começa com os direitos civis, sendo seguida pelos direitos políticos e, por fim, com a busca pelos direitos sociais. O Estado moderno seria definido como o Estado protetor. Não se trata mais de uma questão, na sua formulação, de alívio da pobreza ou de caridade, mas, sim, de um sistema que garanta direitos sociais àqueles que adquiriram direitos políticos com a democracia.

Por fim, uma quarta vertente de análises é fundamentada nos avanços e pressões exercidos por parte dos trabalhadores organizados em instituições políticas, tais como sindicatos e agremiações. Conseguindo ampliar sua participação nas instâncias representativas de poder, lograram ampliar seus benefícios e reduzir sua exposição aos riscos. Neste caso, um dos nomes de maior destaque é o de Gosta Esping-Andersen.

De um modo geral, há duas linhas paralelas quando se trata da análise de *politics* e *policies* de centro-esquerda no âmbito social. Elas envolvem diretamente questões terminológicas que dizem respeito aos conceitos de social-democracia, *welfare state* e estado de bem-estar.

Em certa medida, a literatura em inglês não encontrou maiores problemas quanto à questão terminológica para tratar de tal tema; pois a definição de *welfare state* normalmente abarca — de maneira mais ampla — justamente o conceito que reúne tanto o aspecto "social-democrata" partidário (*politics*), quanto o de "estado de bem-estar" (*policies*). De um modo geral, entende-se que tais políticas públicas estão presentes em Estados nos quais houve, em menor ou maior escala, presença de partidos de centro-esquerda. Notam-se apenas pequenas diferenças nas preferências quando se analisa o assunto. Via de regra, interpretações mais ligadas a questões de aplicação das políticas públicas dão preferência a trabalhar com o termo *welfare state*, enquanto aquelas que avaliam as instituições e arranjos políticos acabam abordando o tema de um ponto de vista social-democrata.

No caso específico de Esping-Andersen, um dos autores mais relevantes desta literatura, o conceito de "social-democrata" aparece para denominar apenas um dos modelos de *welfare state*. Segundo ele, é a ampliação da participação dos trabalhadores na esfera política, por meio da ascensão dos partidos social-democratas, o que gera o estado de bem-estar pleno. A evidência empírica está no fato de que, quanto mais tempo um partido social-democrata permanece no poder, maior será a sua capacidade de agregação e de implementar tais políticas.

Apesar dessas visões, na acepção dos termos em português, a definição de estado de bem-estar não se aplica de forma perfeita como tradução de *welfare state*. Isso porque a ideia de estado de bem-estar mostra-se bastante atrelada ao aspecto da proteção social, estando menos relacionada, por exemplo, a políticas macroeconômicas, de incentivo à oferta ou de pleno emprego, inegavelmente presentes neste modelo.

Pimenta de Faria (1998) defende que o termo *welfare state* tem um tempo e um espaço muito claros, estando situado no modelo de Estado e de política pública do pós-Segunda Guerra Mundial. Assim, não deveria ser utilizado como sinônimo de política social. Trata-se de uma "reconstrução econômica, moral e política das nações", pois agrega também temas tais como empregos, salários, controle macroeconômico e a "influência dos mecanismos de bem-estar na estrutura geral da sociedade". Seu argumento é de que representa uma fusão entre políticas de promoção de bem-estar e de oferta de trabalho.

Aqui, por motivos idiomáticos, quando se fala de estado de bem-estar, o termo será análogo a *welfare state*, incluindo na definição os demais aspectos de políticas públicas que usualmente não lhe são atribuídos na acepção em português.

Da política social-democrata

Em 1969, o historiador Asa Briggs afirmava, fazendo uma leitura em perspectiva, que o estado de bem-estar era aquele em que as políticas de governo – e seu poder – são direcionados para modificar o efeito nocivo do mercado dando, pelo menos, as seguintes garantias aos seus cidadãos: um mínimo de renda, apoio em caso de riscos como de saúde ou desemprego e universalização do sistema, evitando priorizar alguma classe específica.

A política social-democrata pode ser considerada aquela que existe dentro do sistema capitalista, contudo intervindo com o objetivo de reduzir os efeitos nocivos do mercado, propiciando, assim, maior bem-estar ao cidadão. Mais que isso: tem como efeito primordial a busca de alguma igualdade não de condições, mas de resultados. A presença de um partido social-democrata pode, sim, ajudar na aplicação de uma política social-democrata, entretanto não se trata de condição *sine qua non* para que tal agenda se apresente.

Do ponto de vista do papel que a social-democracia desempenha no espectro político, Adam Przeworski, na fundamental obra *Capitalismo e social-democracia*, lista três pontos que representaram o divisor de águas entre os socialistas e a social-democracia. Esta última, assim, caracterizar-se-ia pelos seguintes fatores: a decisão de disputar eleições, ou seja, integrar o sistema e participar das instituições políticas capitalistas, a busca de apoio em outras classes que não apenas a trabalhadora e, por fim, a opção pela não ruptura, isto é, a preferência por reformas incrementais e não revolucionárias.

Dentro da estrutura do capitalismo, a social-democracia desenhou o papel do Estado da seguinte forma: operando atividades não lucrativas, mas necessárias para o bom fundamento da economia; regulando o mercado, inclusive e principalmente por meio de políticas anticíclicas; diminuindo, através da promoção de políticas de bem-estar, os riscos (Przeworski, 1985). "Essa política não está desenhada para transformar o sistema econômico, mas apenas a corrigir tal operação."

Para Esping-Andersen, o grande objetivo da social-democracia é desempenhar alguma transformação – mesmo que pequena – nas sociedades capitalistas. E as instituições políticas são o caminho para tanto. Ele faz uma ressalva de que, implementando a política que for, o estado de bem-estar inevitavelmente se mantém como um sistema de estratificação social. Entretanto, isso não faz com que tais políticas de proteção ao risco sejam dispensáveis; ao contrário. Na sua visão, a questão que se apresenta não é exatamente se o estado de bem-estar é capaz de transformar o capitalismo, mas, sim, "se e com que condições a divisão de classes e as desigualdades sociais produzidas pelo capitalismo podem ser desfeitas pela democracia parlamentar".

Para esse autor, os fatores a serem analisados na formação de um estado de bem-estar são a mobilização de classe, a natureza das coalizões e o legado institucional. Tentando reunir as duas visões: de *politics* e *policies*, Esping-Andersen trouxe ao debate o tema da desmercantilização como aspecto fundamental para a definição de uma política social-democrata. Sua proposta consiste em estabelecer parâmetros para avaliar políticas não apenas pelo viés do gasto, mas com uma visão mais abrangente que considere em que âmbito uma determinada política é capaz de diminuir a exposição dos trabalhadores às forças do mercado.

Essas políticas de desmercantilização funcionariam para além da proteção, investindo poder ao trabalhador, permitindo-lhe não estar à mercê de relações laborais que lhes sejam impostas, dando a ele a possibilidade de escolha. Um exemplo bem elementar dessas políticas citadas pelo autor é o seguro aos desempregados. Considerando que o trabalho é uma *commodity*, ao dar garantias mínimas ao desempregado, isso faria com que tal indivíduo não tivesse necessidade de vender sua força de trabalho a qualquer preço, garantindo a possibilidade de melhor negociação não apenas a ele, mas a todos os outros que prestassem o mesmo tipo de serviço. Ou seja: acabaria ocorrendo um processo de desmercantilização na relação entre capital e trabalho.

Carles Boix (1998) define a social-democracia como o ideário que tem o compromisso programático com liberdade de mercado e igualdade econômica, cujas políticas foram implementadas principalmente – mas não exclusivamente – com o apoio dos trabalhadores *blue collars*, ou seja, os não especializados.

Em uma das poucas obras brasileiras que tratam do tema, José Antonio Giusti Tavares, define o estado de bem-estar como o "conjunto de instituições, de mecanismos, de políticas e de serviços através dos quais o Estado assume a obrigação e a responsabilidade pelo bem-estar social dos cidadãos definido como direito público". A presença do Estado se dá, portanto, como necessária para corrigir falhas de mercado. Isso porque se considera que o mercado sozinho não é capaz de evitar externalidades negativas, fornecer bens públicos ou gerar bons níveis de emprego. Em suma: não necessariamente o mercado consegue ser eficiente e justo.

Classificações e modelos

De forma paralela, caminham as classificações de modelos de estados de bem-estar. Algumas têm aspecto complementar ou análogo; outras se apresentam de forma completamente independente.

De início, muitas das distinções tratavam do tema qualificando principalmente a natureza da proteção social, e o abordavam de forma binomial, classificando os países de acordo com dois modelos de política social: um com bases bismarckianas e outro, beveridgianas.

As políticas chamadas bismarckianas foram implementadas no fim do século XIX, na Alemanha, pelo conservador Otto von Bismarck – e por isso levam tal denominação. Ele adotou os primeiros modelos de proteção justamente com o objetivo de tirar poder de agenda dos socialistas (Briggs, 2007). Isso ocorre porque, com o estabelecimento – e fortalecimento – de uma classe trabalhadora urbana e industrial alemã, a mesma passou a se organizar como forma de pressionar por melhorias em sua condição social. Naturalmente, tratava-se de um ambiente e de uma classe propícios para o fortalecimento das ideias socialistas. Ficava clara a necessidade de ampliação dos direitos dos trabalhadores, bem como de implementação de políticas de redução de risco, como forma de conseguir seu apoio ou, no mínimo, de não incentivar sua rejeição.

O modelo bismarckiano tem, entre suas características principais, a contribuição compulsória e o fato de estar atrelado ao trabalhador. É a proteção não do cidadão, mas daquele que tem um contrato laboral. Ordenado de cima para baixo, propõe-se, ao menos em seu momento inicial, a diminuir o poder das organizações de classe.

Havia uma contribuição compulsória contra enfermidade, acidente, invalidez e velhice. A possibilidade dessa agenda política acabou se apresentando bastante atrativa para outros países europeus. Uma das principais críticas feitas ao modelo bismarckiano era que, por causa dele, os trabalhadores se tornavam dependentes do Estado (Briggs, 2007).

Abordagens incipientes sobre o tema da proteção social consideravam o modelo bismarckiano uma etapa inicial, que carecia de aperfeiçoamento, para se alcançar um modelo mais sofisticado, o beveridgiano. O Plano Beveridge consistiu em uma política aplicada na Inglaterra, a partir de 1941, que tinha como objetivo promover a solidariedade entre classes. O modelo deixava de ser contributivo para se tornar universal. O financiamento da política social seria feito por todos mediante o pagamento de taxas, assim como o conjunto da sociedade teria direito aos serviços providos pelo Estado. A preocupação era com a universalização dos direitos e o combate à pobreza no pós-guerra.

De um modo geral, esses dois padrões continuaram servindo como paradigmas quando se trata de políticas de proteção social.

Jonas Pontusson (2005), também fazendo um corte binário, argumenta que as opções sobre a forma como devem ser executadas tais políticas variam muito. E vêm variando ao longo das últimas décadas. Porém pode ser verificada uma manutenção em alguns padrões. Enquanto os países anglo-saxões optaram por uma menor presença estatal, e por isso são classificados pela literatura de Variedades de Capitalismo como Economias Liberais de Mercado (LME, na sigla em inglês), os países europeus acabaram mantendo seus modelos de forte atuação do Estado.

Os nórdicos, a despeito das mudanças recentes, preferem ainda formas mais universais, beveridgianas, de prestação de serviços, sustentadas pelo pagamento de impostos e com grande provisão. Já os países ditos continentais acabam tendo características mais bismarckianas, ou seja, os benefícios são concedidos de acordo com pagamentos específicos, mantendo uma forte relação com o trabalho formal. Isso mesmo que a provisão de serviços como saúde e educação permaneça concentrada no Estado. Tal divisão dar-se-ia dentro do corte de países os quais classifica como Economias Sociais de Mercado (doravante SME, Social Market Economies), que assim são denominados devido à presença de mecanismos de coordenação entre capital e trabalho, bem como por aplicação de uma série de políticas sociais.

De qualquer modo, tal classificação das políticas sociais parece demasiado restrita para avaliar o estado de bem-estar, abarcando apenas aspectos limitados dos modelos de proteção e bem-estar desenvolvidos pelos diferentes países. Faltam matizes que deem conta de forma mais elaborada das complexidades que envolvem a natureza e a aplicação de tais políticas.

Em 1990, Esping-Andersen publicou *The three worlds of welfare capitalism*. A obra, baseada em análises pregressas, marcou um importante corte na classificação que se fazia dos estados de bem-estar, porque optava por uma visão mais ampla e não contemplava apenas os aspectos de proteção social e os respectivos gastos, levando em conta pontos mais abrangentes. Entre esses aspectos estavam a formação de coalizões, a relação entre família e mercado, as opções pregressas de política.

O estado de bem-estar é classificado em três modelos ideais, baseando-se principalmente em estudos de países europeus. De forma resumida, assim Esping-Andersen define os três grandes regimes de estado de bem-estar:

Em uma linha que vai desde o de menor proteção até o de maior participação do Estado nas políticas sociais, o modelo *liberal* é aquele em que cabe ao mercado boa parte da provisão de proteção contra risco. Ela toma o caráter individualizado. Já o Estado costuma atuar através de assistência focalizada a aposentadorias para poucos beneficiados; são raras as prestações de serviço estatal de caráter universal. Neste mix, o mercado é o maior provedor, e o Estado não necessariamente se apresenta como responsável pela oferta de serviços. O regime liberal é mais difundido entre os países anglo-saxões.

Uma das possíveis explicações para tal característica estaria no fato de que, nesses locais, o movimento operário não teria conseguido se fortalecer o suficiente para impor uma agenda política que lhe beneficiasse de forma mais efetiva. Por não ter entre suas características a universalidade, o regime liberal tem baixa capacidade de desmercantilização.

Seguindo a linha incremental de participação do Estado, está o modelo *continental* ou corporativista. Ele teve sua origem nas opções políticas de partidos conservadores, contando com forte apoio da Igreja. Nota-se nele uma concentração da atuação do Estado na promoção do bem-estar através da proteção à família (tendo o homem como beneficiário). Na maioria dos casos, o regime continental é contributivo e obedece a um padrão que privilegia determinados grupos – funcionários públicos, por exemplo. Diferentemente do modelo liberal, existe a provisão de saúde e de educação por parte do Estado. O regime corporativista foi desenvolvido principalmente em países da Europa continental tais como Alemanha, França e Itália.

Completando esta tríade, na outra ponta em relação ao regime liberal está o *social-democrata*. Característico dos países nórdicos, ele foi estabelecido – e aprofundado – pelos partidos social-democratas que permaneceram no poder por longos períodos. A presença duradoura desses partidos é listada como um dos fatores fundamentais que fizeram com que tais políticas aumentassem sua abrangência e se universalizassem. O Estado é o grande responsável por prover bem-estar a seus cidadãos. As políticas sociais são financiadas por meio de impostos: a ideia é a de que todos pagam, todos se beneficiam. O indivíduo se torna mais protegido das intempéries, dependendo menos tanto das estruturas de mercado, como das estruturas familiares. Na acepção de Esping-Andersen, o regime social-democrata apresenta alta capacidade de desmercantilização.

Posteriormente, outras variações surgiriam destas classificações, tais como o modelo continental dos países do sul da Europa (Portugal e Espanha, por exemplo), denominado "mediterrâneo", ou o modelo australiano. No entanto, as três mais fortes designações continuam sendo as descritas acima.

Política econômica da social-democracia

Ainda que muitas análises tenham contemplado os aspectos da proteção social, as políticas do estado de bem-estar – pelo menos no que diz respeito ao seu auge, até meados da década de 1970 – sempre estiveram muito mais ligadas a movimentos de incremento da oferta, objetivando a promoção do pleno emprego com alguma qualidade. O acesso ao trabalho era entendido como a mola propulsora do bem-estar da classe trabalhadora, bem como o garantidor de boas condições de vida.

Parte das abordagens considerava que tais políticas ligadas ao emprego e aos índices macroeconômicos eram mais relevantes e eficazes do que as de proteção social, como transferências de renda e provisão de serviços. Tais políticas eram vistas como temas secundários e que, por si só, não poderiam identificar um pleno estado de bem-estar. A intenção sempre foi a de que a solução viria por meio do incentivo à geração de emprego.

Após a crise de 1929 estabeleceu-se o consenso de que a presença do Estado era fundamental para garantir o bom funcionamento da economia (Garrett,1998), isso até mesmo na meca do liberalismo, os Estados Unidos, com seu New Deal. Essas ideias se encaixaram bem com a realidade dos países nórdicos, pequenas economias nas quais sempre houve a presença do Estado, principalmente com a existência de empresas estatais.

Przeworski afirma que os partidos social-democratas não dispunham de um plano econômico bem estabelecido quando chegaram ao poder. Nessa conjuntura, as propostas de John Keynes tinham traços que as faziam bastante afins ao ideário social-democrata. Era a teoria econômica de caráter "universal" que lhe fazia falta, a qual, para completar, tinha o foco concentrado na questão do trabalho.

O keynesianismo acabou, portanto, sendo a política econômica que melhor se aplicou aos objetivos dos países que optaram pela centro-esquerda, perdurando por mais tempo nesses locais, uma vez que defendia uma maior intervenção do governo nas decisões macroeconômicas, em lugar do livre mercado. Privilegiava a participação do Estado em políticas de estímulo à oferta como forma de garantir o crescimento. Favorecia o combate à desigualdade e à pobreza através da defesa do pleno emprego.

Os anos de maior abundância, certo tempo após o fim da Segunda Guerra Mundial, facilitaram a aplicação de tais políticas, ao garantir ingressos que permitiam gastá-los com políticas sociais e de estímulo da oferta em larga escala. Esse movimento não significava um grande impacto na produtividade e na competitividade das empresas, que ainda não tinham de enfrentar os anos do capital e da produção caros e móveis. Ainda que Hibbs (1977) tenha identificado que havia um *trade-off* – ou seja, um efeito do tipo "cobertor curto", em que, se a cabeça é coberta, os pés ficam de fora — entre taxas de emprego e inflação, não se pode afirmar que tal variação fosse de caráter demasiadamente acentuado a tal ponto de inviabilizar as políticas keynesianas ou mesmo fazer com que fossem rejeitadas pelos eleitores.

No entanto, em meados dos anos 1970 o mundo já não era mais o mesmo.

A crise e os caminhos das políticas social-democratas

Existe uma longa discussão a respeito dos efeitos da crise sobre o estado de bem-estar. O cenário começa a se desenhar com as crises do petróleo, que fazem com que os preços subam de maneira realmente surpreendente no mercado internacional. Junto a isso, o custo do dinheiro aumenta também, combinado com uma freada brusca no crescimento da economia. Os países desenvolvidos já não sabiam mais unir alto crescimento (e desemprego menor) com inflação controlada; ao contrário, viviam um cenário de inflação subindo e crescimento estagnado. A competição aumentava e a produção já conseguia se deslocar para países onde o custo de produzir era menor. Resultado: as políticas nacionais não tinham mais o efeito de antes.

Nesse mesmo cenário, grupos políticos mais conservadores começaram a assumir o governo de países desenvolvidos, defendendo que o Estado deveria diminuir seu tamanho, promovendo privatizações de parte dos sistemas de seguridade, reduzindo benefícios e seu papel como indutor de crescimento econômico.

Se, no início dos anos 1970, a presença da centro-esquerda ainda era predominante na Europa, tal quadro mudou nos anos seguintes, só retornando ao ponto semelhante ao inicial no fim da década de 1980.

Esse movimento carregava consigo o ideário de que, com o efeito da globalização, não seria mais possível aumentar a presença do Estado ou desenvolver políticas nacionais eficazes. O novo consenso liberal apontava para uma solução em que a esquerda tinha seu papel diminuído diante da nova realidade, restando a ela apenas o papel marginal. Não mais poderia exercer suas políticas de tal modo a redirecionar os rumos de um determinado Estado.

Em realidade, se existe antes dos anos 1980 concordância maior quanto à capacidade dos governos de esquerda de influírem nos resultados econômicos (tais como desemprego e inflação), o mesmo não ocorre pós-choque do petróleo, com o advento da globalização e internacionalização da produção. A discussão empreendida a partir daí é até que ponto fatores outros não passam a se sobrepor às opções partidárias como determinantes das escolhas, fazendo com que ocorra uma homogeneização das preferências em termos de política macroeconômica. Passa a haver um consenso — em parte, respondendo às próprias determinações de organismos internacionais — na direção de que austeridade fiscal e inflação sob controle deveriam estar sempre presentes, em detrimento de quaisquer outras políticas, tratando-se, ou não, de um partido de direita ou de esquerda chefiando o poder.

O período pós-crise do petróleo é visto como fundamental para entender os movimentos das políticas de bem-estar, já que a maior restrição orçamentária teria acabado por levar à necessidade de redução nas políticas e nos gastos sociais, fosse por meio de provisão de serviços ou de bens.

Nos anos 1970, com a ameaça da estagflação, os ajustes políticos foram feitos em torno do gerenciamento da questão macroeconômica e negociação de renda/salário para conter aumentos da inflação e do desemprego (Hemerijck, 2002).

Em *Why we need a new Welfare State* (2002), Esping-Andersen e colaboradores afirmam que o modelo produtivo dos países social-democratas, como havia sido conhecido por décadas, fora desmontado. Assim, passava a pedir um novo traçado. O "cobertor curto" não mais incidia sobre a díade empregos e inflação, mas, sim, em como responder as demandas de tal forma a não cair em nenhum dos três elementos da tríade baixos salários, desigualdade e desemprego em massa.

Torben Iversen (2005) aponta um diferente "trilema" deste novo momento, o qual determinaria *trade-offs* em relação ao pleno emprego, à igualdade de renda e à restrição fiscal (nesse ponto, nota-se que ele modifica parcialmente a proposição de Esping-Andersen, trocando o fator "baixos salários" pela questão fiscal). Essas três variáveis não teriam como apresentar bons resultados de forma conjunta.

Os partidos de centro-esquerda deixaram de poder aplicar seus esforços em políticas de expansão da demanda. Não tinham mais como fazê-lo; pelo menos não como no momento anterior.

De qualquer forma, alguns aspectos resistem. No caso da Europa Ocidental, o modelo de estado de bem-estar se tornou uma estrutura irreversível (Offe, 2007). Caso fossem realizadas mudanças neste sentido, poderiam atingir não apenas a estrutura de partidos, como também toda a democracia. É esse sistema de proteção que garante a boa existência do capitalismo.

Pierson (2001) identifica efeitos políticos na opção por reduzir os serviços prestados pelo estado de bem-estar. Ao tirar o caráter universal dos benefícios, algumas classes sociais deixam de ser contempladas, significando perdas claras para determinados grupos de eleitores. Por outro lado, os ganhos de apoio são bastante incertos.

Apesar desses contraindicativos, na Europa, muitos programas aumentaram as exigências para a elegibilidade ou tiveram seus benefícios reduzidos. Para Pierson, o momento de recuo, de fato, acabou significando algumas mudanças na política social. Entretanto, escreve ele, como agora o estado de bem-estar já compõe o *status quo*, a política perdeu a sua relevância.

Offe (2007), concordando que nem a direita, nem a esquerda conseguiriam abrir mão de tais políticas no mundo atual, enumera pontos de crítica da esquerda às políticas social-democratas. Essas críticas se mantiveram mesmo neste novo momento. Entre as principais estão a ineficiência do modelo, seu formato repressivo (por determinar as escolhas de um cidadão) e questões ideológicas relativas à própria implementação, que camuflaria a realidade política da classe trabalhadora.

Uma boa parte da literatura (Garrett, 1998; Boix, 1998; Kitschelt, 1994) defende que essa crise não representou o fim ou a diminuição abrupta das políticas de bem-estar. Mas, mais importante que isso: afirmam que as mudanças pouco significaram para a margem de atuação dos partidos de centro-esquerda. Com interpretações em caminhos variados, os autores argumentam que não se trata, portanto, de uma situação de *path dependency,* mas, sim, de opções políticas, em menor ou maior escala, de acordo com a vontade dos eleitores.

Uma das visões que se têm é de que a globalização, com maior internacionalização das empresas, livre fluxo de capitais – sobretudo a partir dos choques do petróleo –, teria feito com que as políticas keynesianas, com viés social-democrata, perdessem suas características principais, tendo que convergir para um modelo homogêneo, em todos os países. Esse formato privilegia a estabilidade macroeconômica mediante resultados fiscais positivos, baixa inflação e balanço de pagamentos não deficitário. Não se pode negar que houve mudanças no cenário, no entanto tampouco se pode afirmar que as distinções entre políticas de direita e esquerda desapareceram.

Noberto Bobbio (1995), falando em termos de esquerda e direita, defende que a esquerda não estaria perdendo espaço no âmbito europeu; contudo, estaria encontrando dificuldade em manter consensos e apoios. Ele destaca a existência — ainda — de duas esquerdas: uma que mantém a ideia de um rompimento radical e outra que vê no modelo a necessidade constante de aprimoramento, com vistas a conter o excesso de desigualdades.

O intelectual italiano destaca o fato de que certamente há políticas de esquerda que subsistem mesmo dentro do horizonte capitalista. Para Bobbio, direita e esquerda também podem ser analisadas do ponto de vista espacial, da ocupação de um papel no espectro político. Neste sentido, não são termos absolutos, mas relativos ante uma determinada realidade sociopolítica. Políticas consideradas de esquerda ou de direita em um determinado contexto não necessariamente serão assim classificadas em outros tempo e espaço. Em termos gerais, as políticas de esquerda têm por objetivo reduzir as desigualdades sociais e tornar menos duras as desigualdades naturais.

Peter A. Gourevitch (1989) e Walter Korpi (2007) também compõem a linha de pensadores que afirmam que a política ainda importa. Gourevitch argumenta que o suporte político é crucial para que uma ideia se torne uma política empreendida por um determinado governo; só se levam a cabo programas que contem com apoio no Parlamento. Entre eles, incluem-se as opções de política econômica, as quais dependem de suporte para serem definidas e executadas. Ele afirma isso mesmo deixando claro que "o sistema internacional tem um impacto profundo na escolha de política econômica dos países". Um cenário mais ou menos favorável internacionalmente acaba tendo reflexos nas opções e nos modelos de políticas disponíveis para serem aplicados.

Gourevitch (2011) também argumenta que as opções políticas da esquerda podem acabar facilitando – e não dificultando – uma estabilidade macroeconômica e de fluxos de capitais que facilitaria a aplicação e manutenção das políticas sociais. Segundo ele, esses governos

> tentam estabilizar a economia, criar políticas decentes para o mercado, mostrar que também investem em educação, tentam facilitar a vida econômica, reforçam o investimento social, em infraestrutura, em comunicações, estradas, treinamento. Tentam fazer o país atraente.

Korpi defende que os partidos fazem diferença na opção pelas políticas a serem aplicadas. Assim, a presença de partidos "socialistas reformistas" tende a beneficiar os assalariados. Tal prerrogativa não deixa de ser válida, mesmo terminado o período áureo dos estados de bem-estar. Através de análise dos dados, ele identifica que a chance de haver cortes na política social, no período avaliado, era quatro vezes maior quando se tratava de um partido centro-direita do que em governos de centro-esquerda (Korpi, 2007).

Compondo o escopo dos autores que se dedicaram a estudar os movimentos da social-democracia, Geoffrey Garrett (1998) defende que a globalização não foi um ponto de inflexão das políticas macroeconômicas aplicadas anteriormente; ao contrário, ele vê a manutenção de tal movimento. "Eu acredito que a relação entre o poder político da esquerda e as políticas econômicas que reduzem a desigualdade gerada pelo mercado não se enfraqueceu pela globalização, ao contrário, foi reforçada em importantes aspectos."

Nesse novo momento, passa a ser necessária uma coordenação mais institucionalizada e sólida entre os atores. Essa condição se apresenta para que o Estado possa interferir de forma expansionista na oferta, sem que isso resulte em pressão inflacionária que prejudique o sucesso de tal política. Ao ter grupos como sindicatos e associações patronais integrando o sistema, o Estado teria condições e instrumentos para coordenar seus atos, reduzindo o efeito das externalidades negativas inerentes à aplicação de políticas de pleno emprego. A negociação no formato tripartite – governo, sindicatos, empregadores – garantiria a estabilidade no que diz respeito aos desafios de controlar a inflação e manter o emprego.

No fim dos anos 1970, quando as disponibilidades orçamentárias se reduziram, os governos passaram a ter mais dificuldade para aplicar suas políticas de pleno emprego e o estado de bem-estar passou a ser visto como redutor de eficiência. De qualquer forma, Garrett argumenta que a social-democracia continua representando, independentemente da conjuntura, o espaço da reconciliação entre o mercado e a democracia.

Inegavelmente, a globalização acaba aumentando os riscos – sobretudo quando se trata de países mais desenvolvidos – e os cidadãos e seus empregos ficam mais expostos. Nesse contexto, não apenas o discurso xenófobo volta a estar em voga no debate político, mas também se faz necessária uma agenda com perfil social-democrata.

Garrett defende uma social-democracia corporativista, coordenada, com a presença de partidos fortes de esquerda e sindicatos fortes, caracterizada por altos gastos governamentais, sistemas progressivos de taxação, crescimento econômico e baixas taxas de desemprego. No entanto, não deixa de apontar os efeitos resultantes de tal política, como *deficits*, juros e inflação mais altos.

O apoio político necessário poderia ser obtido junto às classes mais expostas ao risco, mas também com os próprios funcionários públicos. Isso em nada modifica a tradição dos partidos social-democratas, que sempre contaram com apoios de outras classes – e não apenas da "classe trabalhadora" – para conseguirem maiorias.

No entanto, a leitura de Garrett, ainda que muito possa acrescentar sobre os países desenvolvidos, não se aplica de forma natural à realidade dos demais países; tendo em vista que seu argumento está concentrado na presença de instituições trabalhistas suficientemente consolidadas e representativas de tal classe. Mecanismos como de coordenação de salários são impensáveis na maioria dos países latino-americanos, nos quais boa parte da população é não sindicalizada ou mesmo se encontra no mercado informal.

O autor concentra sua análise no perfil da social-democracia como um espaço para políticas macroeconômicas coordenadas visando à ampliação do Estado em seu papel de propulsor de crescimento econômico, avaliando com menos nitidez a ação dos Estados no que diz respeito à garantia de serviços sociais básicos que protejam seus cidadãos dos riscos a que estão expostos.

Já Carles Boix (1998) traz uma abordagem pragmática bastante interessante sobre o tema, também vendo espaço para atuação política dos partidos de centro-esquerda mesmo diante da globalização. Sua análise dos fatos e da conjuntura melhor se aplica ao caso brasileiro.

Segundo ele, a estratégia para se conseguir estabelecer políticas de cunho social-democrata residiria na possibilidade de agregar classes em torno de objetivos comuns e políticas que agradassem a grupos diversos. Explicando: os partidos têm de ter diferentes opções de coalizão para poderem se manter no poder aplicando políticas que sejam de seu interesse. Essas, muitas vezes (sobretudo em períodos turbulentos da economia), podem acabar enfrentando rejeição de algum dos grupos que sustentam a coalizão. Mas isso não significará seu cancelamento.

Boix conclui isso após estudar o que ocorreu no mundo com a crise dos anos 1970-80, principalmente nos casos de Inglaterra e Espanha. A dúvida dele é quanto à possibilidade de que tal crise tenha feito com que as políticas econômicas e sociais não mais se diferenciassem, ficando reféns dos modelos de austeridade fiscal e orçamentária.

O autor refuta a proposição de que a economia teria se sobreposto ou, mais que isso, aniquilado, as forças políticas. Há o reconhecimento de que existem limitações institucionais às atuações dos partidos políticos em um novo contexto mundial. Sem tais limitações, naturalmente, esquerda e direita tenderiam a adotar políticas com aspectos bastante distintos aos daquelas pelas quais acabam optando. Mas ele se aprofunda em outras questões, tais como a forma como os governos podem enfrentar este novo mundo (mediante a redução de taxas ou investindo no capital humano para aumentar a produtividade).

A maioria das estratégias políticas – sejam de direita ou de esquerda – só consegue o apoio necessário entre o eleitorado se não significar ameaça ao crescimento econômico. Porém, ainda que consonantes nesse aspecto, há distinções profundas. Partidos de centro-esquerda tendem a ver a questão desse crescimento relacionada ao bem-estar do trabalhador, bem como à busca pela igualdade. Uma economia pujante é importante porque gera empregos e capacita o Estado a empreender políticas redistributivas e de bem-estar. Já os conservadores estão interessados no crescimento, sem preocupação clara quanto à questão da igualdade, pois acreditam que o crescimento econômico *per se* é capaz de levar à redução da pobreza e a alguma garantia de bem-estar. Com apenas um detalhe: a desigualdade é uma questão menor para os conservadores e partidos de direita até o ponto em que ela não afeta diretamente sua capacidade de obter suporte político. "Uma alta desigualdade não é nunca a intenção de qualquer governo conservador" (Boix, 1998).

Considerados esses objetivos, os partidos acabam adotando novas estratégias e coalizões como forma de possibilitarem a execução das políticas pretendidas. Isso vale tanto para a centro-esquerda quanto para os demais espaços da atuação política. Para Boix, todos os governos têm autonomia de dimensões razoáveis para levar adiante políticas de sua preferência. Ou seja: transformar preferências político-partidárias em *policies* é uma questão de boas opções de políticas públicas, que consigam arregimentar o maior apoio possível, sem deixar de lado jamais a questão do bem-estar do trabalhador.

O centro do seu argumento consiste no fato de que governos de partidos de esquerda podem, sim, aumentar taxas, expandir o setor estatal e contribuir de forma acentuada para a formação de capital. Para sustentar esta estratégia, a condição indispensável é obter uma sólida maioria eleitoral. Uma política econômica que atue na oferta é possível desde que haja suporte político para tal. Como exemplo, Boix cita países da Europa que não tinham tradição de sindicatos fortes e que, mesmo assim, conseguiram levar adiante tais opções de políticas.

Os partidos não apenas representam uma determinada confluência de intenções, como também são um ponto de formação de interesses em comum. Eles não existem somente para aplicar políticas desejadas por seus eleitores, podem – e devem – oferecer agendas que se tornem, elas mesmas, um fator de atração de interesses. As políticas acabam, portanto, se tornando a melhor moeda de troca dos partidos, já que são eleitos para aplicá-las. "Políticas (*policies*) são utilizadas para modificar as preferências do eleitor médio" (Boix, 1998).

Políticas que tenham como característica atender a anseios de classes diversas tendem a obter, com maior facilidade, apoio desses grupos que estão sendo favorecidos. Se houver crescimento da economia oriundo de políticas de produtividade, ainda melhor, pois as ações de centro-esquerda podem lograr, inclusive, o apoio da classe média, que normalmente está mais próxima dos conservadores.

Os governos têm duas estratégias para garantir o crescimento de um país. A primeira delas consiste na atuação do próprio Estado como indutor do crescimento; a outra é deixar tal tarefa nas mãos do mercado, reduzindo taxas ou demais fatores que possam diminuir a competitividade. Cada partido acabará, assim, optando por um ou outro caminho genérico como balizador de suas estratégias de política econômica.

Para Boix, partidos de centro-esquerda tendem a aumentar as taxas para garantir investimentos públicos. Suas preferências são por tributos que incidam mais sobre a pessoa física e menos sobre a produção, aumentando assim o caráter progressivo e diminuindo o impacto sobre a economia e a oferta de trabalho. Estratégia sempre arriscada por erodir o apoio da classe média: os setores médios são, normalmente, bastante reativos a aumentos nos impostos.

Porém, se a aplicação do montante arrecadado se dá em políticas universalistas, tais medidas podem se tornar bastante populares, dificultando até mesmo que partidos conservadores realizem alguma mudança no sentido de abrir mão dessas estratégias. O crescimento da economia, combinado com políticas universalistas que visem à igualdade, ajuda a formar a coalizão da classe trabalhadora com a classe média.

Em suma: o argumento de Boix é que os governos de centro-esquerda podem conseguir apoio e aplicar suas políticas quando utilizam o menu correto de políticas econômicas, as quais conduzam ao crescimento e a um aumento da produtividade. Entretanto, não se pode ignorar que essas questões ficam bastante mais abaladas diante de crises, as quais reduzem as opções de políticas disponíveis para um determinado governo. Nessas conjunturas, muitas vezes, acaba ocorrendo um cenário de maiores taxas com menores gastos sociais.

A visão de Boix caminha juntamente com a de Esping-Andersen, tendo como objetivo também aspectos de desmercantilização do trabalho. O autor argumenta que, em países com baixa proteção social, em tempos pós-crise, os cidadãos aceitam qualquer emprego, mesmo que com salários menores, pois não têm a possibilidade de se manterem se não venderem sua força de trabalho.

Observando o caso específico do Brasil nos anos recentes, vemos que o país manteve taxas de crescimento do Produto

Interno Bruto (PIB) nos oito anos do governo Luiz Inácio Lula da Silva com média superior $(4,06\%)$[2] ao dos dois mandatos de Fernando Henrique Cardoso $(2,32\%)$, que o antecedeu. Seguindo a leitura de Boix, o governo de centro-esquerda do PT, contando com o apoio de novos partidos, atípicos, em uma coalizão trabalhista (entre eles, o PP e o antigo PL), incrementou a presença do Estado, seja com o aumento na contratação de funcionários públicos, na concertação relativa a políticas de incentivo fiscal em momentos de crise internacional e, o que mais interessa neste caso, nos gastos com a política social, bem como na sua abrangência.

Gonçalves (2011) fortalece esta leitura *boixiana* da realidade brasileira ao avaliar a queda da desigualdade em alguns países latino-americanos, Brasil inclusive. Ele afirma: "o imperativo da governabilidade e a perpetuação no poder são os determinantes principais das políticas redistributivas na região". Em sua visão, contudo, isso independeria do modelo econômico-político vigente em cada país. Ele assim resume seu argumento: "as políticas redistributivas são funcionais na luta pelo poder político".

Da política econômica à política social

Voltando ao que diz a teoria, de fato, os estudos seminais sobre a social-democracia se concentravam, basicamente, na estruturação do apoio político e na implementação de políticas macroeconômicas de promoção do pleno emprego. Nas últimas décadas, entretanto, esse viés de políticas da social-

---

2   Média simples dos períodos 2003-10 e 1995-2002. Fonte: Ipeadata.

-democracia acabou sendo atingido devido a fatores como a globalização (e a liberalização dos mercados) e com as próprias restrições orçamentárias para promover políticas universais de proteção. As opções de política de proteção social passaram, então, a ser um fator marcante nos estudos sobre a agenda política da social-democracia; deixando um pouco de lado as abordagens sobre coordenação setorial ou pleno emprego.

A proteção social, neste novo contexto, tornou-se a marca mais relevante das políticas da social-democracia. O estado de bem-estar voltou a ocupar o centro da discussão graças à sua capacidade de reduzir os riscos, de melhorar a capacidade de sobrevivência dos cidadãos, de combater as desigualdades (Esping-Andersen, 1996). Esping-Andersen (2007) concentra suas discussões nos novos desafios da social-democracia, e eles dizem respeito a questões para as quais o foco inicial não estava voltado, todas elas concentradas na ideia de redução de riscos. Entre os grupos mais expostos, que, por isso, devem ser alvo de políticas, o autor destaca as crianças e as mulheres.

As políticas da social-democracia, limitadas por políticas mais ativas do ponto de vista da geração de emprego ou do controle de capitais, acabaram se concentrando na provisão de serviços que gerassem o bem-estar dos cidadãos.

Segundo Castles (2007), há, na realidade, um aumento na demanda por políticas de bem-estar em um contexto de uma economia menos vigorosa, de aumento do desemprego e da desigualdade. Como aponta Boix (1998), as políticas de proteção social tornam-se mais desejadas. Neste cenário, caso haja pressões para redução da taxação ou dos gastos, outros custos é que serão cortados. Se, por um lado, o papel do Estado interventor e participante da economia se reduz, aumenta relativamente sua atuação na proteção dos cidadãos.

E isso está relacionado não apenas a uma menor disponibilidade de recursos para políticas de bem-estar, mas também ao fato de que não há mais como garantir o pleno emprego e a família tampouco pode ser mais considerada um ponto de apoio na promoção de tais políticas (Esping-Andersen, 2007).

> Precisamos repensar o conceito de direitos sociais. A existência de um princípio garantindo o máximo de bem-estar e igualdade para 'todos aqui e agora' não é consistente com os novos imperativos da economia. Se baixa renda, empregos ruins ou precários não podem ser evitados, é preciso pensar em como reduzir o efeito sobre o bem-estar destes cidadãos no curto prazo.

Não se retirou do rol social-democrata a defesa de que, para continuar desempenhando seu papel, seriam necessárias políticas com um perfil de integração social (Esping-Andersen, 1996), com um caráter mais universalista. Manteve-se também a interpretação de que os consensos políticos e as instituições fortes são fundamentais como forma de levar adiante políticas bem-sucedidas de bem-estar, as quais consigam atingir objetivos de igualdade sem condenar a eficiência.

Passado o momento mais difícil, em que as políticas de bem-estar sofreram críticas mais acentuadas por parte da direita, entende-se que há novas ameaças em outras esferas. A primeira delas, segundo Esping-Andersen (1996), diz respeito aos ajustes necessários no modelo, de tal forma a garantir políticas universais que consigam contemplar uma população cada vez mais heterogênea. O risco disso é que essa mudança costuma afastar as classes de maior renda, erodindo assim o consenso que acompanha o universalismo.

Um segundo desafio é no tocante às mudanças que ocorreram na economia, fazendo com que se tornem praticamente inviáveis políticas que tenham como meta o pleno emprego.

As modificações na proteção social não devem ser feitas com aumento dos gastos. Deve, sim, se modificar a distribuição (Esping-Andersen, 2007). "Independentemente das preferências ideológicas, deveria ser evidente para todos que não podemos abrir mão de ser igualitários nas economias avançadas, no século XXI."

Social-democracia para além dos países desenvolvidos

Não faz muitos anos e, em certa medida, essa diretriz ainda persiste, a maioria dos estudos sobre a social-democracia e suas políticas envolvia apenas os países considerados desenvolvidos, principalmente os europeus. O entendimento, sobretudo de pensadores de esquerda, era de que os modelos de bem-estar só poderiam ser encontrados nestes locais (Gough e Wood, 2004, por exemplo).

Nos anos recentes, uma série de autores (Huber, 1996; Lanzaro, 2009; Santos, 2009) vem trabalhando com estudos sobre o nascimento de uma linha social-democrata na América Latina, considerando que governos de centro-esquerda, de origem trabalhista, acabam por implementar – ou recriar – políticas tradicionalmente aplicadas e desenvolvidas pelos partidos da social-democracia europeia, isso diante de um cenário que apresenta uma série de condições políticas semelhantes às que se pôde observar na Europa.

Enquanto na Europa, a partir da crise dos anos 1980, o que se via era um caminho de relativo recuo das políticas da social-democracia, na América Latina, passado o momento de força liberal (de meados dos anos 1980 ao fim dos anos 1990, culminando com a crise argentina), deu-se a ascensão de políticas sociais com esse caráter. Elas objetivavam, com a presença do Estado, proporcionar maior bem-estar aos cidadãos, ampliando seus direitos sociais, bem como buscando, em alguma medida, reduzir os drásticos níveis de desigualdade.

Sérgio Abranches (2003) apontava quatro desafios para a construção da social-democracia no Brasil, a saber: a questão da democratização; a sua orientação social; a criação de uma alternativa ao neoliberalismo e a globalização. Na sua visão, os desafios brasileiros são bastante peculiares, pois decorrem de situações históricas, como o privilégio a grupos específicos da sociedade. As "elites estratégicas" sistematicamente negariam o apoio a qualquer coalizão que tivesse o objetivo de implementar políticas social-democratas.

Sem dúvida, transpor o estudo do modelo social-democrata europeu para os países latino-americanos, mais especificamente para o Brasil, exige que sejam feitas diversas adaptações, inclusive, dada a distância temporal e o aperfeiçoamento institucional. Mas não se pode deixar de lado a possibilidade de tais regiões do planeta estarem adotando práticas políticas outrora alijadas de suas agendas, com características semelhantes às da social-democracia europeia e a busca constante pela igualdade.

Conclusão

As políticas de cunho social-democrata, que começaram a ser implantadas de maneira mais efetiva na primeira metade do século XX na Europa, mostraram-se resistentes e efetivas até os dias de hoje, a despeito das crises e dos retrocessos por que passaram. Não restam dúvidas de que ocorreram severas mudanças nos cenários, o que acabou significando também modificações no perfil de tais políticas. Mas isso não as invalidou. O Estado diminuiu seu papel interventor na economia, mas, por outro lado, acabou aumentando sua função no que diz respeito às políticas de proteção.

As principais teorias e os autores que tratam das questões relativas ao estado de bem-estar e às políticas de proteção social mostram isso. Ainda que essa literatura esteja concentrada mormente na implementação do modelo na Europa, há uma série de fatores que mostra que ela pode ser verificada também fora desse eixo, com algumas características próprias.

Mesmo que se reconheça que, na América Latina, os temas da desigualdade e da pobreza estão presentes nas agendas políticas nacionais, independentemente de modelos e, até mesmo, da ideologia dos grupos dirigentes (isso ficaria evidente pela presença de políticas de renda focalizadas em quase todos os países da região) (Gonçalves, 2011), não existiu, de fato, uma homogeneização completa nas opções de políticas públicas de proteção social e macroeconômica as quais tenham invalidado o papel da política – e dos políticos – na tomada de decisões.

Ainda se podem verificar, mesmo que de forma mais nuançada, padrões distintos, intensidades distintas nas preferências, variando de acordo com um espectro esquerda-direita.

Capítulo 2

Origens e trajetórias das políticas de bem-estar no Brasil

Os homens pobres da minha terra
São como os pobres das outras terras.

Mário Lago (2003).

Acabaram-se os pretextos para justificar a pobreza.
Raça, latitude ou etnias não conseguem
explicar a existência de mais de duzentos milhões de pobres.

Carlos Fuentes. In: Vários (1996).

Se a política continua sendo relevante, é de se esperar que os partidos de centro-esquerda persistam em suas opções de políticas de maior busca da igualdade e proteção ao risco do cidadão. Com isso, não é surpresa que, em áreas não centrais (como na América Latina, nosso exemplo), esses partidos possam, nacionalmente, estar desenvolvendo formas e programas de proteção e de intervenção na relação capital-trabalho de tal modo a diminuir a exposição dos trabalhadores. O que se verifica é uma readequação de tais políticas, não mais concentradas na ideia de pleno emprego, ou modelos keynesianos de intervenção na macroeconomia, mas, sim, em esforços focados na direção da política social.

Haggard e Kaufman (2008) integram o grupo que defende que políticas de bem-estar podem ser encontradas para além das fronteiras europeias. Em sua visão, longe de serem recém-

-apresentados a essas políticas, certos países – chamados em desenvolvimento ou periféricos –, entre eles, alguns latino--americanos, vêm também desenvolvendo diferentes modelos de proteção social desde o fim da Segunda Guerra Mundial. Na América Latina, a principal política empreendida foi a de pensões para grupos específicos, privilegiados. Esses autores têm uma visão mais abrangente das políticas de bem-estar, não as congelando dentro de um padrão não adaptável.

Ao expandir a classificação do que pode ser – ou não – considerado política de bem-estar, eles abrem caminho para fazer uma análise mais rica e profunda das diferentes maneiras pelas quais os Estados de distintos países optaram para intervir de forma a proteger seus cidadãos.

O início dos anos 1980 foi de relativa redução das políticas de bem-estar na Europa, diante da crise econômica e com o avanço de novas lideranças liberais. Na América Latina, o cenário era também composto por outras peculiaridades. Aqui, diversos países viviam o retorno da democracia, incluindo novos atores no processo de escolha de governantes e legisladores. Com uma população empobrecida, aumentava o caráter de urgência da aplicação de políticas de proteção social.

Se em um primeiro momento a onda liberalizante conduziu a políticas tais como: privatização de companhias estatais, flexibilização de leis trabalhistas, modificações no sistema previdenciário; passada essa primeira fase e, muitas vezes, até de forma concomitante, o que se pôde verificar foi a pressão por parte dos novos entrantes da democracia pela ampliação de seus direitos.

No tocante à política macroeconômica, ela manteve um padrão de austeridade fiscal, que restringiu os gastos dos governos; no entanto, a política social estabeleceu-se como o espaço para o

Estado agir sem enfrentar críticas mais contundentes por parte das elites (que, bem ou mal, financiam boa parte do sistema).

Nessa época, os países periféricos também enfrentaram sérias crises. Na América Latina, alguns passaram, inclusive, por moratórias de suas dívidas. Com isso, acabavam não conseguindo ampliar suas taxas, aumentar a tributação ao trabalho ou garantir o bom funcionamento do modelo bismarckiano, tradicionalmente implantado na região. Tiveram de se readaptar.

Kuhnle e Hort (2004) destacam que, apesar de características específicas que possam apresentar, isso não invalida a definição de um determinado país como estado de bem-estar. Recordam que todos os países escandinavos desenvolveram seus estados de bem-estar de forma gradual, começando com modelos mais modestos, algumas vezes focalizados, com programas destinados a grupos pequenos da população.

As políticas de bem-estar avançaram de forma paralela – ainda que tangenciando, em diversos pontos – o padrão europeu. Tal trajetória acabou determinando novos paradigmas, possibilidades distintas, inovações e mudanças de rumo (mesmo que apenas no contexto local). A linha histórica traz informações não apenas descritivas, mas também quanto às forças que modularam políticas, atores e papéis.

O propósito de tal caminho está diretamente relacionado à observação proposta por Wanderley Guilherme dos Santos (1979) de que "a análise contemporânea de políticas públicas trata, precisamente, da temática clássica das teorias sociais – a distribuição e redistribuição de poder, o papel do conflito, os processos de decisão, a repartição de custos e benefícios sociais", somada à observação feita por Arretche (1995) de que "a implementação (ou não) de políticas sociais regidas por princípios ligados aos interesses emancipatórios da classe trabalhadora é, na verdade, reveladora da forma pela qual se resolveu em cada país o conflito distributivo".

Atores e papéis na cidadania regulada

Na Europa, o desenvolvimento das políticas de proteção social se deu, em maior ou menor escala, num contexto de fortalecimento de uma classe industrial urbana que, sobretudo quando organizada em sindicatos, intensificou suas demandas por políticas que a protegessem diante da nova realidade laboral. Seja em países onde partidos ligados aos setores trabalhistas conseguiram alcançar o poder, seja mesmo naqueles em que as políticas foram desenvolvidas por partidos que não eram de centro-esquerda, o que é inegável é a participação dos trabalhadores como importante força política de pressão.

Porém, ainda que esse tenha sido o processo europeu, não se pode afirmar que na América Latina de modo geral, e no Brasil, em particular, tal movimento tenha se processado sempre dessa forma.[3]

Em muitos países do Velho Continente, a ampliação da participação e da organização foi anterior à institucionalização da política. Na Inglaterra, por exemplo, o operariado se constituiu como classe para depois ir batalhar, nas esferas apropriadas, por seus direitos. A bonança econômica favoreceu esse grupo.

No Brasil aconteceu o contrário: não houve esta constituição primeira como classe por parte dos trabalhadores. Aqui,

---

3   Há casos de países latino-americanos em que a proteção social é resultante de forte pressão de um grupo de trabalhadores industriais organizado, mas trata-se mais de exceção que regra.

a expansão econômica, que havia ajudado o processo na Inglaterra, acabou significando intensificação dos problemas, pois foi territorialmente desigual desde sua origem, gerando relevantes problemas de integração (Santos, 1994).

Esse modelo, em que não foi identificada uma organização trabalhadora forte o suficiente para pressionar por políticas que lhes dissessem respeito, acabou trazendo elementos exógenos ao processo; transformando-o não em uma disputa de forças capaz de se transfigurar nas políticas de Estado, mas, sim, em um processo no qual o Estado se apropriou das demandas e soluções, tornando-se o espaço para toda essa função.

Santos (1994) identifica um comportamento padrão nas relações sociais que têm sua origem no Brasil Império. Desde então, era tamanha a fragmentação de interesses, que isso acabava por impedir que se criasse um consenso com objetivos de abrangência nacional. A consequência era uma forte fragmentação também dos partidos, que, desde então, não encontravam propósitos amplos e compartilhados. O próprio estabelecimento dos partidos se dá em um contexto de defesa de projetos de cunho muito mais pessoal e menos nacional.

Mesmo que as disputas oligárquicas ocorressem alheias à participação dos trabalhadores ou dos setores médios, a disputa entre capital e trabalho propriamente dita acabou encontrando algum espaço; pelo menos no tocante à sua estrutura organizacional. Na República Velha, de forma muito incipiente, surgiram os sindicatos. Um sistema político urbano começou a se estabelecer, constituído pelo operariado que se deslocava até as cidades para trabalhar.

Durante esse período, ou seja, nos primeiros 30 anos do século XX, de forma muito rudimentar, ocorreu algum desenvolvimento do tradicional conflito capital-trabalho no Brasil. Essa disputa ocorria paralelamente aos processos por que passavam os diferentes grupos que compunham o cenário oligárquico: a burguesia nascente e o forte setor exportador.

Ainda frágeis e pouco institucionalizados, os sindicatos não possuíam força suficiente para atuarem de forma efetiva – e eficaz – na defesa dos direitos do operariado. E para os trabalhadores, naquele momento, não havia espaço na representação política partidária propriamente dita. Sem uma representação forte, sem uma democracia robusta, a história que se processou no Brasil foi peculiar.

A ampliação da participação acabou ocorrendo antes da institucionalização da democracia. As massas foram incorporadas à dinâmica da competição política antes que houvesse a institucionalização das regras da competição.

A opção por um modelo de proteção social que vinha de cima para baixo, do Estado até os cidadãos, e não partindo de uma forte demanda por parte dos segundos, de acordo com Santos (1979), não se trata de uma "perversidade de caráter", mas, sim, de algo que esteve inserido no próprio processo histórico. Sem haver organização, era ao Estado que cabia o papel de estabelecer algumas políticas.

A partir da Revolução de 30, é proposto um modelo de proteção social que, de início, não é aceito pelo operariado mais por uma questão de falta de coordenação de classe que efetivamente por falta de interesse. "Um conflito só interessa enquanto seus custos são inferiores aos benefícios razoavelmente esperados" (Santos, 1979).

Também não se consegue identificar um processo de formação de partidos nacionais que tivessem capacidade de agregar valores universais. "Não foram portanto os partidos que mobilizaram os diversos segmentos sociais projetando-os na dinâmica política. Foi fundamentalmente o Estado" (Santos, 1979). E isso ocorreu, principalmente, por meio das políticas social e trabalhista, as quais foram capazes de "domesticar" tanto o empresariado quanto os trabalhadores. A disputa capital/trabalho foi amortecida e passou a ocorrer, de forma muito tímida, sob o controle estatal.

As políticas social e trabalhista se tornaram o instrumento de intermediação entre a participação ampliada e a baixa institucionalização. Entravam como elemento fundamental na questão redistributiva. Eram capazes de ampliar direitos às massas demandantes sem que elas terminassem por buscar — e, por que não, encontrar — espaços também na representação formal política.

O modelo corporativista, que se instaura no país nos anos 1930 e 1940, durante a era getulista, é resultado da baixa institucionalização competitiva somada à participação política ampliada e à precária organização dos grupos de interesse. A sociedade não se encontrava organizacionalmente envolvida no processo. Mais que isso: a entrada do Estado no controle sobre a esfera da política social se dava por meio das instâncias burocráticas, mais ainda que pelas vias legislativas.

Para descrever este modelo, Wanderley Guilherme dos Santos estabelece o conceito de "cidadania regulada", que traz em si a ideia de um "confinamento regulatório da cidadania". O problema não está na falta de direitos garantidos por lei, ao contrário, há excesso de regras quanto aos direitos do cidadão; no entanto, essas diretrizes estão encerradas dentro da esfera do Estado, a quem devem obedecer, não tendo sido oriundas de demandas sociais organizadas; ainda que atendam, ao menos formalmente, parte de seus pleitos. Apesar disso, dado o poder reduzido da classe trabalhadora, a cidadania regulada pode até ser vista como um avanço para o operariado.

No contexto de cidadania regulada, a prática cidadã está calcada não em valores políticos, mas em um sistema de estratificação ocupacional, definido, por sua vez, por norma legal. "A cidadania está embutida na profissão, e os direitos do cidadão restringem-se aos direitos do lugar que ocupa no processo produtivo, tal como reconhecido por lei" (Santos, 1979). O processo é feito sem que se arrisque interferir na ordem capitalista. Cria-se uma distância razoável entre o formato da política e seus beneficiados. "O comportamento poliárquico existe, com certeza, mas imerso em enorme bolha de alienação e indiferença."

Boschi e Lima (2002) afirmam que o corporativismo da era Vargas apresenta aspecto duplo: funciona tanto como representação de interesses, quanto como mecanismo de regulação econômica. Ele atendia a esses dois propósitos, tendo o Executivo como ordenador das relações entre privado e público.

Nos anos 1930, a lógica era de forte intervencionismo estatal, com uma produção concentrada no eixo urbano-industrial. Naquele momento, o poder Executivo encarna o próprio Estado, e subjacente a ele está o conflito capital-trabalho. De qualquer modo, a defesa dos autores é de que não há uma relação de submissão, mas, sim, o resultado da ação de grupos de pressão. O corporativismo nasce, então, da interação entre grupos organizados e a ação estatal.

> Frequentemente, o processo político oscila entre a ação coletiva desses grupos, induzida por mudanças institucionais voltadas a assegurar maiores graus de autonomia ao Estado, e a tentativa de aprisionamento da esfera pública por interesses fortemente organizados. (Boschi e Lima, 2002)

O que define a escolha por determinadas políticas em uma sociedade está diretamente relacionado a quem ocupa as posições de comando, ou seja, a que grupos vencem as eleições e ao grau de envolvimento político da sociedade. Há uma combinação entre as preferências do partido político que foi escolhido para governar e a atuação dos grupos de pressão formados pelos cidadãos capazes de influenciar, ao longo do mandato, nessas decisões de políticas públicas. Diante de uma baixa capacidade e baixo interesse da sociedade de se articular para participação e pressão, os direitos sociais acabaram se estabelecendo apenas de forma débil.

É essa enorme massa urbanizada, envolvida pela dinâmica da acumulação econômica, sujeita a carências de todo tipo, atomizada, usando com parcimônia o recurso do voto, indiferente aos políticos e governantes e fugindo às malhas organizacionais de partidos, associações comunitárias, sindicatos e associações profissionais, é essa mesma massa, atomizada e vítima de múltiplos exemplos de violência pública e privada, que justamente nega a existência de elevada taxa de conflito, ou que nele esteja envolvida. (Santos, 1979)

No Brasil, inegavelmente, a urbanização gerou demandas por políticas sociais, tais como saúde e saneamento. Ocorreu também o aumento da massa de trabalhadores industriais. Mas a política social chegou tarde ao país, mesmo quando comparado a alguns outros pares latino-americanos, resultado direto de sucessivas opções erradas de políticas públicas, bem como devido ao fato de o Brasil apresentar forte desigualdade em vários eixos da sociedade, e não apenas no que diz respeito à renda. Haggard e Kaufman (2008) encontram característica semelhante à observada por Santos (1979) na organização e no posicionamento de classes; e não apenas para o caso brasileiro, mas ampliando para toda a região, como um paradigma comum. Esse modelo acabou prejudicando a forma como a política social se desenvolveu na América Latina. Apesar de, muitas vezes, existir democracia, não houve este processo fundamental, seminal, da social-democracia, que é o estabelecimento de um partido forte com vistas a conseguir o apoio da classe trabalhadora para desenvolver políticas específicas.

Respondendo a estímulos pontuais, ocasionais e, mesmo, não calculados, a política social foi sendo moldada. O modelo de substituição de importações (ISI), aplicado em boa parte dos países latino-americanos, foi um dos fatores que mais favoreceram o processo de estabelecimento da política social, pois havia a confluência de interesses, tanto por parte do governo quanto dos trabalhadores e dos empresários, de que houvesse um sistema de proteção ao trabalhador industrial urbano. Houve outra correlação de forças relevante neste processo: a união entre sindicatos e movimentos populistas.

O resultado foi uma política trabalhista e de proteção social dual, que protegia o trabalhador formal urbano, enquanto deixava completamente à margem das políticas do Estado os demais trabalhadores, informais ou rurais. Essa classe urbana industrial, grata aos avanços da proteção social, acabou garantindo um forte apoio político aos grupos que empreenderam tais políticas. As bases de apoio foram construídas contando com este alicerce. O modelo de estado de bem-estar latino-americano reflete o aspecto urbano das coalizões políticas, as quais desafiam as regras das oligarquias previamente instituídas e donas do poder.

Haggard e Kaufman, diferentemente de Santos (1979), acreditam que os partidos, representados na esfera governamental – no Legislativo ou no Executivo –, tiveram, sim, relevância no estabelecimento de políticas sociais. Isso quando comparados com os sindicatos propriamente ditos. Enquanto Santos argumenta que a política social foi estabelecida dentro do Executivo, os dois autores afirmam que houve espaço para pressão no Congresso, pelo menos mais que a pressão exercida pelas organizações da classe trabalhadora.

Quanto a estabelecer coalizões com outras classes, tal como na Europa, de acordo com Huber (1996), na América Latina, uma aliança entre os trabalhadores e o setor agrário era inviável. E, de fato, ela não aconteceu. Isso porque, nestes países, era mais comum a presença de grandes latifúndios e poderosos proprietários de terras, integrantes da oligarquia, em vez de grupos de pequenos produtores demandantes por políticas de proteção às intempéries.

Também de forma distinta do que ocorreu na Europa, na América Latina, os sindicatos representavam apenas algumas categorias trabalhistas e, de modo geral, não souberam estabelecer alianças com os setores rurais ou informais. Sua atividade acabou muito concentrada em demandas restritas e o maior êxito foi quanto a políticas de seguridade social, que têm um aspecto progressivo muito pequeno, podendo mesmo ser regressivas no que concerne à distribuição de renda.

Mesa-Lago (1978) trabalha em ambiente correlato,[4] discutindo a importância dos grupos de pressão que geraram o modelo de proteção social latino-americano. Ele demonstra que a seguridade social é usada por grupos bem organizados, com capacidade de pressão, e isso resulta em uma política bem-

---

4 A pesquisa do autor é feita em Peru, Uruguai, Chile, Argentina e México, mas diversas de suas observações são aplicáveis também para o caso brasileiro.

-sucedida na manutenção do *status quo*. Há um forte caráter de permanência de benefícios e beneficiados. Todo o argumento é construído em torno da enorme importância dos grupos de pressão – dentre os quais se podem incluir a própria burocracia e os partidos políticos – como elementos determinantes no estabelecimento das políticas de seguridade social.

Na América Latina, segundo o autor, existem quatro grandes grupos de pressão: os militares, a elite político-administrativa, os grupos pertencentes à economia e ao mercado e os ligados aos sindicatos (*blue collars*). Esses últimos teriam conseguido avançar nas políticas de proteção social mais por fatores idiossincráticos do que efetivamente por poder sindical. O resultado é que, quanto mais poderoso for o grupo de pressão, mais cedo ele é beneficiado, tendo direito a maior cobertura, mediante menor pagamento. Essa "estratificação da proteção social" acaba pervertendo o objetivo inicial de tais políticas por manter antigos privilégios. "A natureza regressiva da seguridade social na América Latina é óbvia" (Mesa-Lago, 1978).

A seguridade social é instituída como resultado do processo de industrialização, urbanização e modernização, que erode os meios privados de proteção social e acaba fazendo necessária a entrada do Estado para evitar o risco e reduzir o potencial de conflito. É mister destacar que a seguridade é uma política pública bastante relevante na região também no que tange à disputa eleitoral.

Olhando para o caso escandinavo como forma de identificar lições para os países mais jovens em termos de políticas de bem-estar, Pierson (2004) argumenta que, em qualquer local – e não apenas na América Latina –, a política social acabou atuando como um importante elemento na constituição do Estado. Ter classes organizadas e bem representadas é um ponto importante no processo de desenvolvimento de políticas sociais, porém há um efeito de antecipação de necessidades da classe industrial. Ou seja: a pura existência de uma classe trabalhadora é mais importante como fator determinante para a prática de políticas de bem-estar do que a sua pressão como grupo organizado de trabalhadores, através dos sindicatos.

Em suma: a ausência de sindicatos fortes, a atuação dos grupos de pressão e o consequente papel do Estado como espaço de processo e resolução do conflito capital-trabalho acabaram determinando o molde das políticas trabalhista e social, principalmente em seu nascedouro, nos anos 1930, mas também nos anos que se seguiram.

Políticas trabalhistas e sociais no Brasil dentro do contexto latino-americano

A América Latina foi uma das primeiras regiões fora da Europa a desenvolver instituições de bem-estar. Esse fato indica um padrão que antecede o desenvolvimento mais profundo da industrialização. Aqui, ela aconteceu de maneira quase concomitante ao processo de urbanização. E ambas – urbanização e industrialização –, por sua vez, não antecederam o processo de estabelecimento da política social. *Tudo junto ao mesmo tempo agora*, de tal modo que a política social se torna importante apoio para a continuidade do processo de avanço da indústria, e isso sem causar maiores transtornos com a desigualdade que o processo desencadeia.

Na região, de um modo geral, as políticas sociais foram mais desenvolvidas nos países com maior tradição democrática, como Chile, Uruguai, Costa Rica (Huber, 1996). Entretanto, houve outro padrão que acabou estabelecendo políticas de proteção social com características bem mais aproximadas de um perfil bismarckiano, contributivo. Esses foram os casos de Brasil e Argentina, que começaram a desenhar essas políticas durante os anos dos governos populistas de Getúlio Vargas e Juan Perón, na primeira metade do século passado. O legado institucional garantia direitos relativamente amplos, porém restritos a grupos específicos de trabalhadores formais. Historicamente, as principais áreas de política social foram: pensões, serviços de saúde e subsídio de produtos.

De modo geral, os regimes de seguridade estavam atrelados ao trabalho formal e inicialmente foram exclusivos para grupos privilegiados, sendo apenas mais tarde ampliados a outros grupos. Na maioria dos países, essa cobertura restrita significava, muitas vezes, excluir mais da metade da população economicamente ativa do sistema de proteção (Huber e Stephens, 2004). Além disso, diversas categorias de trabalhadores tinham regimes diferenciados, com distintos benefícios e contribuições. Em alguns casos, o Estado era quem subvencionava o benefício. Os autores citam estudo do Banco Mundial o qual mostra que, na maior parte dos países desta região, os componentes regressivos dos gastos sociais superam componentes progressivos. Por exemplo, isso pode ser verificado na concentração em programas de seguridade em detrimento dos investimentos em educação e saúde.

A política social dos países difere de acordo com: ordem, ritmo, escopo da legislação, formato burocrático da administração, financiamento e articulação de políticas (Santos, 1979). Mas, apesar dessas variantes, de um modo geral, as políticas de bem-estar – e isso vale tanto para os países desenvolvidos quanto para países como o Brasil – contemplaram primeiramente o trabalho, e depois, em sequência, a velhice, a invalidez, a doença e a maternidade.

Partindo para uma cronologia da proteção social no Brasil,[5] cabe ressaltar que, inicialmente, o Estado não é visto como responsável pela solução do problema social. No século XIX estava em voga a ideia da "utopia meritocrática". A igualdade era aplicável no que diz respeito a igual acesso a recursos, os quais dessem garantias para competir no mercado incipiente. A desigualdade era considerada uma característica natural e inerente ao sistema, e o socorro aos pobres, visto como ajuda aos menos capacitados. Fato é que, até a década de 1930, não existia o consenso de que o Estado deveria se preocupar com políticas universais de assistência social, porque se considerava que a exposição ao risco era de foro completamente individual, não uma questão que abarcava toda a sociedade.

Quando se trata de analisar os caminhos das políticas de proteção social e trabalhista nos países periféricos ou, mais precisamente, no caso brasileiro, o que se identifica é que ambas caminharam de forma dissociada por um bom tempo. Ainda que tenham ocorrido avanços consistentes na política trabalhista (não de promoção de emprego, mas como garantidora de direitos), no caso da assistência social, ela ficou à margem das principais discussões. A proteção social era exclusiva de grupos privilegiados; aos marginalizados, restava-lhes o sistema de caridade, fora do Estado. A cidadania não era apenas regulada, mas também altamente segmentada.

---

5   Tal cronologia está baseada sobretudo nas referências feitas por Santos (1979), Huber (1996) e Haggard e Kaufman (2008).

Santos (1979) define o Brasil como praticante do *laissez-faire* no período entre 1888-1931.

A legislação brasileira passou por um processo gradual de ampliação dos direitos dos trabalhadores, o qual acabou conduzindo a um caminho mais amplo de políticas de proteção social.

As burocracias – tanto civil quanto militar – são as primeiras a serem beneficiadas com uma política de proteção social. Ainda no século XIX, em 1888, é promulgada a lei de proteção aos funcionários de estradas de ferro. Um ano depois, em 1889, estabelecem-se 15 dias de férias para trabalhadores do abastecimento de água da capital federal (na época, o Rio de Janeiro). A proibição do trabalho de menores de 12 anos é estabelecida em 1891.

Ainda que a Liga Operária existisse desde 1870, apenas no início do século XX, em 1907, passa a ser considerada a possibilidade de demandas coletivas, não mais individualizadas, na Justiça. Essa lei que considera a existência e organização dos trabalhadores em sindicatos é posterior às organizações dos empregadores, já existentes desde o século XIX. De qualquer forma, era o primeiro passo. Os trabalhadores deixavam de ser vistos apenas como indivíduos para passarem a ser considerados – pelos olhos da lei – uma classe. Essa mudança impulsionou a pressão por uma regulamentação de direitos do trabalhador, como questões relativas à jornada laboral e à garantia do descanso e de férias. É de 1919 a lei que responsabiliza o empregador por eventuais acidentes ocorridos durante a execução de um trabalho.

Paralelamente a esses avanços nas leis trabalhistas, que ocorrem a despeito da presença de partidos de trabalhadores no poder, as entidades de classe foram estabelecendo modelos que reduziam sua exposição ao risco. Em 1923, é promulgada a lei que cria um fundo de ferroviários com um sistema bastante semelhante ao que na época se aplicava nos Estados Unidos. Esse fundo reunia empregados e empregadores, com a finalidade de proteger principalmente os primeiros. Mas ele pouco tinha a ver com uma proposta de avanço dos direitos do cidadão, pois estava quase à margem da atuação do Estado.

Depois de oito anos de promulgada a primeira lei que tratava do tema, em 1933, passa a valer o direito a férias. No ano anterior, foram aprovadas a jornada de oito horas e leis que beneficiavam gestantes e mulheres, estabelecendo, inclusive, que não poderia haver diferencial de gênero no tocante aos salários.

Não se pode negar que havia no Brasil um sistema legal que viabilizava a existência dos sindicatos. No entanto, sua especificidade estava em trazer a organização para dentro do aparelho estatal. Em 1934, já durante o governo de Getúlio Vargas, a Lei de Sindicalização garantia o funcionamento das organizações de trabalhadores. A engenharia de tal sistema foi feita de forma que os sindicatos ganhavam o monopólio da representação, porém perdiam sua autonomia. A força desta lei era tamanha que o controle perdurou até o início dos anos 1980.

Entre 1934 e 1937, por um breve período, existiu uma estrutura de pluralismo sindical. A Constituição de 34 chegou a reconhecer uma série de outros direitos sociais, porém, após a criação do Estado Novo, em 1937, houve um enorme retrocesso, aumentando a cooptação dos sindicatos por parte do Estado. As greves foram proibidas.

O Estado controlava os sindicatos fazendo uso do monopólio da representação, bem como com a cobrança do imposto sindical. Havia uma relativa fraqueza também por parte das organizações empresariais. As políticas varguistas, assim, funcionavam bem nesta ausência de poder. O corporativismo agia em duas frentes: por um lado, na intervenção crescente na produção; por outro, na regulação das relações de trabalho, permitindo ingresso na política de setores da sociedade anteriormente alijados do processo.

Finalmente, em 1943, no auge da política corporativista, consolidam-se as leis trabalhistas. Pelo menos no tocante à lei, a Consolidação das Leis Trabalhistas (CLT) ampliou a proteção, que estava concentrada em algumas classes, para grande parte dos trabalhadores formais.

A Lei Orgânica da Previdência Social é promulgada em 1960, deixando de fora os trabalhadores rurais, domésticas e autônomos. Dada a sua baixa capacidade de organização, por estarem dispersos, esses grupos tinham maior dificuldade em exercer pressão conjunta e seus direitos foram relegados ao segundo plano.

Mais avanços no campo das políticas trabalhistas e sociais voltam a ocorrer durante a ditadura militar. A criação do Instituto Nacional de Previdência Social (INPS) data de 1966. A previsão do seguro-desemprego é incluída na reforma constitucional de 1967. O Ministério da Previdência e Assistência Social é instituído em 1974.

Antes disso, é aprovada uma das mais progressivas políticas sociais do país até hoje: o Funrural (ou Pró-rural). Em 1971, no auge do regime militar, fica decidido que todos os trabalhadores rurais teriam direito a receber uma aposentadoria, independentemente da contribuição. Até então, a universalidade do sistema previdenciário era apenas aparente, já que os benefícios eram diferenciados por categoria funcional. Isso não garantia uma distribuição de bens e serviços mais justa.

Nesse período, o Estado, para conter a pressão de classes, opta por realizar avanços na política social. No regime ditatorial, manteve-se, via de regra, a ideia de cidadania dissociada da conotação pública ou universal. Algo como a cidadania como o espaço da realização de direitos individuais. Persistiram políticas compensatórias, sem capacidade de interferir na desigualdade.

Nos anos 1970, Santos (1979) identifica no Brasil um modelo misto beveridgiano (saúde) e bismarckiano (aposentadorias). A consequência é que

> O sistema compensatório brasileiro, por sua forma contratual de participação e financiamento, articula-se mal com outras políticas governamentais e, sobretudo, contribui para a manutenção das desigualdades geradas pelo processo acumulativo.

Isso se dá de forma distinta do que se passou na saúde, cujo caminho trilhado era, desde então, rumo à universalização.

A política social na região se manteve dividida entre dois mundos: um deles remonta a um sistema de privilégios; o outro demonstra uma enorme capacidade progressiva, ampliando direitos e os fazendo universais (Huber, 1996). Por exemplo, no Brasil, as pensões têm abrangência e valores bastante díspares, e uma parte não desprezível é contributiva. Por outro lado, o Estado também assume seu papel na provisão de alguns bens e serviços de caráter universal, com vistas à promoção da igualdade; como é o caso dos serviços de saúde e educação.

Nesse contexto, os sistemas latino-americanos se mantiveram "incompletos" (Pierson, 2004), pois se concentram principalmente na provisão de pensões. Os recursos escassos, muitas vezes, não são direcionados nem para maximizar a eficiência, nem para reduzir a desigualdade.

Na América Latina, há uma enorme diferença no histórico dos países quanto ao estabelecimento de políticas de bem-estar. A média de gastos com política social, de fato, foi e é hoje superior à dos países em desenvolvimento da Ásia e, em casos específicos (Chile e Costa Rica), aproxima-se à de países da OCDE. Em comum, os países latino-americanos têm o fato de possuírem um sistema de seguridade que cobre vários setores formais urbanos, deixando outros grupos à margem (Haggard e Kaufman, 2008). Apesar de os dados de gastos serem um sinal positivo, Huber e Stephens (2004) ressaltam que "altos gastos com política social, por si só, não garantem a existência de um estado de bem-estar".

A crise dos anos 1970-80 atingiu não apenas os países desenvolvidos, como também os periféricos, alterando, em alguma medida, opções de políticas públicas. O aumento galopante dos juros acabou com a farta disponibilidade monetária no mercado internacional, culminando com alguns países latino-americanos – entre eles, o próprio Brasil – tendo de declarar moratória de suas dívidas. O desemprego e a pobreza aumentaram. Também os governos latino-americanos se viram ante um cenário em que os recursos para políticas de proteção social se tornavam mais escassos. Isso posto – além de fatores como a própria mudança no pensamento hegemônico para um padrão liberalizante –, diversos países caminharam rumo à privatização e à liberalização de amplos setores da economia.

Mas a década de 1980 também foi marcada por amplos movimentos de redemocratização.

A volta da democracia eleitoral

A partir dos anos 1980, uma série de países latino-americanos passou por importantes processos de democratização e redemocratização; entre eles, Brasil, Argentina, Uruguai, México e Chile. Também em um novo contexto mundial, vivendo uma nova ordem econômica, tais países não só tiveram de reordenar seu posicionamento internacional, como se viram diante de um aumento acentuado da pobreza e da indigência em seus territórios. Neste momento, ficou claro que as velhas políticas sociais aplicadas na região, algumas até de qualidade relativa, mas a maioria delas elitizada e concentrada em grupos reduzidos, não eram capazes de atender as demandas de estratos sociais historicamente afastados dos serviços e benefícios providos pelo Estado. Era, portanto, indispensável ampliar a participação estatal nesta esfera.

Com as restrições orçamentárias, havia uma série de limitações para a aplicação de programas universalizados, os quais pudessem atender a milhões de cidadãos desassistidos em um momento de desemprego e informalidade laboral em níveis bastante altos, como era o caso latino-americano.

Esses anos foram cruciais para as políticas de bem-estar, sejam elas relativas às provisões de bens (pensões, seguro desemprego) ou de serviços (cobertura de saúde, de educação). A década de 1980 foi, na Europa, das restrições financeiras que levaram a alguns cortes nas provisões. Na América Latina, vindos de períodos de governos autoritários, esses anos foram de redemocratização e de necessidade de políticas sociais urgentes para cobrir – ainda que em parte – um enorme *deficit* existente no que diz respeito à mínima proteção dos cidadãos.

Especificamente no caso brasileiro, durante toda a ditadura militar, o objetivo do governo, exposto através de suas diretrizes econômicas, era primeiro *fazer o bolo crescer para depois repartir*. Ou seja, além dos próprios fatores do cenário internacional que, indiretamente, aumentavam a escassez de recursos para a população como um todo e restringiam a atuação do Estado, havia questões internas que acentuavam a necessidade de políticas mais abrangentes de proteção social.

Portanto, a partir do fim da ditadura militar (1985), o país passa a enfrentar, de um lado, uma forte demanda da população por proteção social; e, de outro, sucessivos problemas financeiros, incluindo a moratória de sua dívida externa. Precisava expandir suas políticas sociais, mesmo com pouca disponibilidade de recursos.

Ainda durante a ditadura, nos anos 1970, a industrialização brasileira acabou produzindo um movimento trabalhista fora do modelo corporativista, ou seja, fora do controle do Estado. Isso não fez com que, como na Europa, houvesse, naquele momento, uma classe trabalhadora em organização ou número suficiente para garantir a eleição de partidos com esse viés, mas foi importante elemento de pressão.

O fim da exigência da alfabetização para ter direito ao voto (1985) foi mais um ponto de ampliação do movimento para que fossem empreendidas políticas sociais.

Eram bastante significativos os fatores que conduziam a uma mudança na estrutura das políticas sociais. O primeiro deles advinha da própria necessidade dos cidadãos de verem atendidos os seus pleitos por uma vida digna mínima. O processo de redemocratização, com ampliação do direito de escolha dos representantes, bem como contando com avanços tecnológicos e logísticos, os quais permitiam uma eleição mais fidedigna às vontades do eleitorado, fazia com que esses grupos fossem capazes de ampliar sua influência política, mesmo que de maneira descoordenada. A política social, portanto, precisava ser revista.

A democratização trouxe à esfera política novas estratégias de ação. A política social é um dos planos onde isso pode ser observado, na medida em que decisões políticas sobre o setor têm profundo impacto sobre ganhos eleitorais. (Coutinho e Santanna, 2008)

A democracia, de fato, dá mais incentivos à ampliação de políticas sociais do que os regimes autoritários; entretanto, ambos têm muitos motivos para ampliar a gama de assistência social à população mais pobre (Haggard e Kaufman, 2008). Barberia (2008), também avaliando o impacto da democratização no desenvolvimento das políticas sociais, mostra que há diferenças não desprezíveis nos gastos sociais entre governos democráticos e autoritários, principalmente na alocação em saúde, educação e seguridade social. Governos democráticos, uma vez eleitos, dedicam boa parte dos seus esforços a evitar cortes nas políticas sociais e, com isso, garantir apoio de seu eleitorado. Outra evidência encontrada é que democracias mais jovens têm dificuldade em implementar políticas redistributivas mais amplas. A autora sugere que uma das razões seria a necessidade de firmar uma base de apoio antes de partir para este movimento. Governos democráticos gastam mais em saúde e educação: ambas políticas sociais que têm um caráter progressivo mais acentuado.

Estudando o desenvolvimento das políticas de bem-estar em três regiões não centrais, Haggard e Kaufman apontam que também países da Ásia e da Europa do Leste passaram por um processo de redemocratização entre 1980 e 1990. Isso acabou significando um aumento na expectativa quanto ao futuro das políticas sociais, já que se buscava seu aperfeiçoamento. Ao mesmo tempo, foram épocas difíceis, de crises e restrições orçamentárias. Na América Latina, já havia um sistema constituído, sobretudo para as áreas urbanas. Tais decisões do passado faziam com que a onda democrática trouxesse demandas intensas, as quais tinham impactos fiscais não desprezíveis.

Segundo levantamento feito pelos autores, a existência de instituições democráticas sólidas aumenta as chances de que haja uma política social mais desenvolvida; pois através do voto é possível exercer maior pressão sobre os formuladores de políticas. De forma análoga, pode-se afirmar que é mais difícil desenvolver políticas sociais consistentes em países onde a democracia inexiste ou é intermitente. Isso tudo porque a ausência de regras e mecanismos democráticos faz com que não haja incentivos para transformar as desigualdades do país.

Instituições democráticas bem estabelecidas e direito ao voto são fundamentais principalmente para que as preferências dos grupos menos favorecidos sejam atendidas. Os grupos mais favorecidos, leia-se, de maior renda, sempre foram capazes de extrair benefícios e garantir privilégios tanto de governos autoritários quanto de democráticos.

As elites econômicas, por terem amplo domínio dos recursos, têm o poder de influenciar nas opções políticas dos governos independentemente da natureza do regime. O mesmo não é verdade para as classes menos abastadas. A democracia é fundamental para que grupos menos favorecidos possam ter voz. Em uma democracia, são capazes de se organizar, integrar e influenciar o jogo político.

A democracia favorece também o surgimento de partidos ligados aos trabalhadores ou a grupos não privilegiados. Em um regime democrático, é mais fácil estabelecer coalizões entre as classes de menor renda e a classe média, ajudando no desenvolvimento de políticas de proteção social. A democracia acaba afetando a política social por dois canais: o da competição eleitoral e o dos grupos de interesse.

Em certos aspectos, Brasil e México apresentam exemplos que podem ser apontados como exceções a essas evidências correlacionando democracia e avanços da proteção social. Em ambos os países, governos pouco ou nada democráticos acabaram optando pela expansão da política social. Especificamente no caso do Brasil, o governo ditatorial estabeleceu mecanismos de proteção ao homem do campo, o Funrural. O resultado dessa medida, entre outras, é que, no fim da década de 1970, mais de 90% da população tinha acesso a algum tipo de seguridade social ou de saúde no país.

No momento de avanço da democratização, a política social apareceu como importante fator de contrapeso à liberalização econômica, pois atendia as demandas iniciais de grupos de pressão que tiveram importância no processo. Essas mudanças, porém, são controladas de tal forma a não desagradarem os grupos de controle do poder. "A alteração do *status quo* tenderá a depender tanto da força de influência desses grupos, quanto de condições exógenas, como contextos de crise e pré-condições institucionais que moldam condições sociais, econômicas e políticas" (Pierson, 1993 apud Coutinho e Santanna, 2008).

Não resta dúvida de que a política, por meio do fortalecimento das instituições, é capaz de conduzir à aplicação de medidas necessárias em busca do desenvolvimento econômico e social.

A prática das eleições acabou levando uma democracia, antes limitada, a se tornar uma democracia de massa. As regras foram se consolidando e os direitos se estendendo. Nesse processo, o Legislativo também se fortaleceu, conferindo maior legitimidade aos atos do Executivo, outrora único soberano na construção das políticas públicas (Boschi e Lima, 2002). A democracia tem, assim, papel fundamental no processo de estabelecimento de novos paradigmas para a política de proteção social.

A Constituição Cidadã

Até a década de 1980, dois períodos importantes da política social brasileira, independentemente das razões e dos contextos que lhes cercavam, eram citados como fundamentais. O primeiro deles, os anos Vargas, entre 1930 e 1945, com a ampliação da cidadania, ainda que regulada. O outro ano citado é 1966, com a consolidação de leis sociais e o estabelecimento do INPS.[6] Seguindo essa linha, um terceiro momento marcante para a política social brasileira, sem dúvida, foi a promulgação da Constituição de 1988, marco da política social (Boschi e Lima, 2002).

As mudanças nas regras eleitorais nos anos 1980 foram fundamentais no Brasil, entre outros fatores, porque aumentaram o incentivo para alcançar novos eleitores através de política social. E isso não apenas neste país. Também no México e na Colômbia, as reformas constitucionais estiveram fortemente relacionadas com as ampliações das políticas sociais.

---

6   Apesar desses avanços, naquele momento, estava se sentindo de maneira mais acentuada o recesso da cidadania política, também presente durante o Estado Novo.

A Constituição de 1988, a Carta Magna da redemocratização, é de fundamental importância para entender o processo de transformação por que vem passando a proteção social no Brasil. Nela, foram inseridos e ampliados diversos direitos dos cidadãos brasileiros. A Carta, segundo Huber (1996), criou "fundações para um estado de bem-estar universalista".

Samuel Pessoa (2011) afirma também que o processo de redemocratização gerou a demanda para a construção de um estado de bem-estar social altamente abrangente. E é o fruto dessas escolhas, esse contrato social ali demarcado, que sustenta a democracia brasileira até os dias atuais.

Antes disso, em 1971, o Brasil já havia sido o primeiro a criar a aposentadoria não contributiva para o setor rural, mas não tinha avançado muito além. Com um amplo setor informal, fazia-se premente a necessidade de, para expandir a política social, promover políticas que contemplassem também modelos não contributivos (Huber, 1996).

> Na medida em que a Constituição reconheceu o direito à aposentadoria não integralmente contributiva dos trabalhadores rurais em regime de economia familiar – garantindo transferência de solidariedade –, ela também, por definição, começou a criar um sistema de políticas sociais redistributivas, ainda que pleno de lacunas. (Soares e Sátyro, 2009)

A Constituição de 1988 estabeleceu também o direito a uma renda para idosos e portadores de deficiência em extrema pobreza: o Benefício de Prestação Continuada (BPC). Tal preocupação com uma política não contributiva de proteção ao risco foi reforçada pela Lei Orgânica da Assistência Social (Loas), de 1993. Porém, o mais relevante está no fato de a Constituição ter equiparado o *status* da assistência social ao das outras políticas sociais básicas: educação, saúde e previdência (Soares e Sátyro, 2009). Esse movimento significa a refundação da proteção social no país. Pela nova lei, o risco deixa de ser individual e se torna uma questão do coletivo, desenhando-se como preocupação social (Lavinas, 2006).

A Constituição estabelece um papel de nortear os objetivos em torno de uma sociedade justa e solidária. "A Constituição visa, pois, ao futuro e se empenha programaticamente, ao definir os direitos sociais, no terreno das políticas públicas" (Vianna, 2008). Mas, apesar dos avanços inegáveis da Carta promulgada em 1988, a eleição de um governo de direita logo em seguida obscureceu os avanços logrados naquele momento. O início dos anos 1990 foi de redução do papel do Estado, ou, ao menos, de tentativa de redução dessa atuação.

No caso brasileiro, ao contrário do que ocorreu em outros países, os tecnocratas liberais não conseguiram, nesta fase, exercer controle direto sobre os ministérios sociais. Uma combinação de políticos tradicionais com políticos de esquerda fez com que se mantivesse forte oposição a algumas das políticas liberais recomendadas pelo FMI. A redução dos programas de proteção social foi menor que o inicialmente esperado (Huber, 1996), mesmo com a política macroeconômica se apresentando como um limitador nos gastos sociais.

Um documento da Cepal, organizado por Machinea, Titelman e Uthoff (2006), trata deste período e afirma que, apesar do contexto de redemocratização, durante boa parte dos anos 1980 e 1990, na maioria dos países da América Latina, os programas sociais se caracterizaram basicamente pelo aspecto compensatório, sendo as políticas focalizadas nos mais pobres. Isso impedia que houvesse uma reestruturação da política social de forma mais profunda. Apenas na segunda metade dos anos 1990, esse desenho começa a se modificar e a preocupação com a pobreza passa a ser vista por seu caráter mais complexo, com um olhar multissetorial e comunitário.

Conclusão

Chegados tardiamente ao mundo das políticas de bem-estar, isso não permitiu que os países periféricos apresentassem um melhor desenvolvimento de tais políticas (Pierson, 2004). Mas tampouco se pode afirmar que nesses países não haja políticas de proteção social tipicamente de estado de bem-estar (mesmo reconhecendo que são políticas mais limitadas em dimensão, abrangência e gastos; com menor capacidade redistributiva).

O resultado deste processo de estabelecimento de políticas de bem-estar no Brasil tem características peculiares. Na Europa, o modelo escandinavo de bem-estar foi criado e ampliado pelos partidos social-democratas; enquanto o modelo continental foi criado e desenvolvido pelos próprios conservadores. Já no Brasil, a política de proteção social – restrita, contributiva e pouco progressiva – foi criada pelas forças conservadoras, mas o que garantiu sua readequação e ampliação foi justamente a onda democrática, e a posterior chegada da centro-esquerda ao poder.

A partir dos anos 1990, partidos de esquerda – alguns associados a sindicatos, estruturados, contando com apoio de grupos tradicionalmente mal representados e sem ligações estreitas com os velhos ranços clientelistas – começam a ampliar sua presença no Legislativo e, em muitos casos, alcançar mesmo a presidência de diferentes países.

A despeito de algumas acusações pontuais de populismo, esses partidos com viés de esquerda lograram ocupar o Executivo e, com isso, passaram a ter de promover políticas que, em alguma medida, atendessem as necessidades primeiras destes cidadãos. Como se trata de uma região que, ademais de relativamente pobre, é conhecida por sua enorme desigualdade, era necessário desenvolver uma agenda de políticas de caráter combativo à pobreza e também à desigualdade. Com essa plataforma política, para que cumprissem tais propósitos, os partidos de esquerda foram eleitos.

As políticas de caráter universal foram reformadas, em maior ou menor grau, de acordo com a capacidade de articulação dos grupos de interesse na arena política (Coutinho e Santanna, 2008). E, mesmo que os programas sociais tenham sofrido diante da falta de recursos e das crises econômicas, os gastos sociais cresceram a partir da década de 1990 (Barberia, 2008). Isso reforça a percepção de que os governos democráticos da região estariam mais preocupados com a alocação dos gastos sociais na direção dos eleitores de baixa renda e da classe média, nessa nova cena democrática.

Da cidadania regulada à Constituição Cidadã, foi traçado um longo caminho em que, na maior parte do tempo, o Estado atuou como gerador, catalisador e propagador das políticas social e trabalhista. Pressões existiram em todos os momentos, mas elas foram crescendo ao longo do tempo, de modo a aumentarem a legitimidade do processo, com maior participação dos grupos de interesse.

O resultado disso é que o modelo brasileiro de proteção social, ainda que se mantenha fortemente bismarckiano, contributivo, reduziu esse caráter ao longo do tempo, ampliando o espaço para políticas universalistas. Mesmo que nem todos os autores concordem, sobretudo os de linha marxista, é possível afirmar que foi criado um espaço para o desenvolvimento de um modelo de estado de bem-estar no Brasil. Não completo, não necessariamente comparável ao europeu, mas com preocupações análogas de proteção ao cidadão e de redução de riscos. Nesse contexto, são fortalecidas políticas tais como os Programas de Transferência Condicionada.

Capítulo 3

Social-democracia à brasileira

*Certas coisas que o Estado pode fazer nenhuma pessoa
ou grupo é capaz de realizar por si. Embora um homem
possa fazer um caminho em volta do seu jardim
apenas com seu esforço, dificilmente conseguiria
construir uma estrada até a cidade vizinha.*

Tony Judt (2011)

Introdução

Todos esses antecedentes reunidos levaram o Brasil a viver nos anos recentes a sua experiência social-democrata. Segundo Claudio Frischtak (2012), isso aconteceu sem que os partidos ou a sociedade civil tivessem exata clareza do rumo que tomavam:

> o modelo não teve seu desenho planejado enquanto tal, mas se estruturou como resultado de um duplo compacto: um explícito, refletido na Constituição de 1988 e no conjunto de direitos redistributivos consagrados no seu texto e na legislação posterior. Outro, implícito, que impulsionou políticas que priorizaram a estabilidade macroeconômica, o processo de abertura e modernização da economia, e ênfase crescente na redução da pobreza e da desigualdade.

Essa história se inicia na Constituição de 1988, mas é com a chegada de Fernando Henrique Cardoso ao poder que aumenta a ênfase nas políticas de estabilidade concomitantes às de combate à desigualdade. Posteriormente, o governo de Luiz Inácio Lula da Silva consolida este propósito.

Suas agendas de políticas públicas não são idênticas, têm objetivos distintos, mas, em alguma medida, quando olhadas em conjunto, mostram um cenário mais amplo das opções que vêm sendo tomadas pelos cidadãos brasileiros.

Economia e política social
no governo Fernando Henrique Cardoso

Depois de uma série de intempéries no campo das disputas políticas, culminando com o *impeachment*, em setembro de 1992, de Fernando Collor, o primeiro presidente eleito depois da volta das eleições diretas, o Brasil passou a ter maior estabilidade democrática com a eleição de Fernando Henrique Cardoso, integrante do Partido da Social Democracia Brasileira (PSDB).[7] Ele assumiu o poder em 1995, ficando por dois mandatos, até a eleição de Luiz Inácio Lula da Silva, do Partido dos Trabalhadores (PT), que assume em janeiro de 2003.

Durante seus dois mandatos, o governo Fernando Henrique esteve aliado, na maior parte do tempo, com o Partido da Frente Liberal (o antigo PFL, hoje Democratas ou apenas DEM), representante de interesses mais à direita, e setores do PMDB. Esse aspecto, somado ao próprio cenário externo, que favorecia a execução de políticas liberalizantes, acabou conduzindo a um modelo de políticas bastante afeitas à re-

---

7   Ainda que o partido seja assim denominado, uma série de autores reconhece seu governo com características que mais o aproximam do centro (ou mesmo centro-direita) no espectro político do que propriamente de uma social-democracia.

dução do Estado e, por conseguinte, de ampliação do poder do mercado. Houve intentos de flexibilização da legislação trabalhista, bastião primeiro das políticas social-democratas. Dando continuidade a ações que tiveram sua origem no período Collor, o governo Fernando Henrique levou a cabo privatizações de empresas e redução da máquina estatal (Boschi e Lima, 2002).

Na questão monetária, o governo Fernando Henrique foi marcado pela bem-sucedida política de estabilização da moeda, depois de anos sucessivos de tentativas inúteis de combater os surtos inflacionários. Iniciada no governo Itamar, consolidou--se com FHC. Em um primeiro momento, a política estipulada foi a de paridade cambial, a qual se mostrou capaz de exercer algum controle sobre os preços. Quando não mais era possível seguir com tal modelo, ou seja, a partir do início do segundo mandato, a política foi adaptada para o regime de metas de inflação, com o controle monetário sendo realizado com políticas recessivas, as quais eram praticadas por meio de elevações nas taxas de juros.

A estabilização conduziu Fernando Henrique Cardoso ao seu segundo mandato, o qual foi autorizado durante a primeira temporada no poder. Ao longo dos oito anos, tentou-se levar a cabo uma reforma da Previdência que, de fato, ocorreu, mas com mudanças muito mais marginais do que as inicialmente previstas. O próprio processo de privatização mostrou-se menos voraz que em alguns países vizinhos, como o caso da Argentina. No Brasil, o ideário neoliberal foi hegemônico ao longo do período, porém em um modelo mais discreto do que em diversos países da região. Argumenta-se que dois fatores foram fortes para que isso ocorresse: a forte atuação da oposição, bem como a própria dependência de trajetória.

O processo de implementação de políticas pró-mercado por que passou o Brasil pôde ser observado também em muitos países latino-americanos. A sequência, que se repetia, começava com as reformas econômicas, que depois eram seguidas por reformas das políticas sociais. O objetivo maior dessas tentativas de mudança estava na busca por maior eficiência econômica, do ponto de vista fiscal, e também no tocante aos sistemas de bem-estar social (Barberia, 2008).

Se essa era a realidade na macroeconomia, quanto à política social, já o programa de governo de Fernando Henrique Cardoso de 1994 contemplava a necessidade – mais que isso, a urgência – de programas assistenciais compensatórios específicos (Cardoso, 1994). O então candidato destacava a importância de ações que combinassem iniciativas no âmbito federal, estadual e municipal. Argumentava, porém, que "as comunidades são mais flexíveis e criativas que as instituições burocráticas prestadoras de serviços assistenciais". Além disso, afirmava que o princípio de parceria entre Estado e sociedade seria o que regeria o combate à pobreza e à fome, eliminando os "excessos da burocracia". O programa já previa a criação do Comunidade Solidária, inclusive, com este nome.

Naquele momento, ou seja, pré-eleições, cinco eram consideradas as metas prioritárias: agricultura, educação, emprego, saúde e segurança. As questões de pobreza e fome apareciam no programa como um subitem no capítulo que abordava a relação entre Estado e sociedade.

Quatro anos depois, o combate à pobreza e à fome, bem como questões de distribuição de renda já passavam a ser o objetivo número 3 do programa de governo (o primeiro era consolidar a estabilidade econômica e o segundo, promover o crescimento sustentado, com a geração de empregos). "Vencer a fome e a miséria é tarefa de todos – Estado e sociedade. Mas a parte que cabe ao poder público, federal, estadual e municipal é intransferível" (Cardoso, 1998). O sinal era de que o Estado não mais deveria estar à parte do processo, mas, sim, seria componente fundamental nas políticas de combate à pobreza. O esperado, segundo escrito no programa de governo, era gastar "bem o que houver a gastar em programas e medidas nitidamente focalizadas para acabar com a fome e resgatar da pobreza absoluta milhões de brasileiros".

Os programas de transferência de renda aparecem neste segundo momento, apontados como "importante sistema de proteção social para enfrentar diferentes situações de necessidade e de risco". A criança ainda não integrava este grupo de "risco", e o Bolsa Escola, que se tornaria um programa federal pouco depois, é até citado, mas apenas como experiência municipal. Naquele momento, é entendido que esse era o âmbito privilegiado para tal política. Previa-se, desde então, a ampliação do programa social de tal forma a universalizar o acesso a todos os que tivessem este direito.

No programa de governo de Fernando Henrique de 1998, a agenda social é apresentada como "prioridade" e compromisso da União, dos estados e dos municípios. Parcerias entre entidades públicas e privadas são consideradas bem-vindas, mas não mais tidas como o cerne do desenvolvimento de tais políticas.

Apesar da sua política macroeconômica de cunho liberal, ao longo dos oito anos de governo do PSDB, não foi identificada uma queda substancial nos recursos para determinadas políticas, tais como saúde e educação; contudo, as crises econômicas acabaram significando opções por não ampliação de alguns programas (Maciel e Campos, 2010; Barberia, 2008).[8] Não houve mudanças estruturais que prejudicassem as políticas de assistência social no governo FHC.

De qualquer forma, avaliando as políticas de assistência deste período, Maciel e Campos (2010) ressaltam que a assistência social, na história do país, sempre teve um caráter provisório e improvisado, pois não se conseguiu que fosse instituída tal como um direito social. A Loas, de 1993, que só começa a ser executada pelo governo federal em 1995, dá início, portanto, a uma mudança substancial.

Um dos primeiros atos do governo, quando da chegada do PSDB ao poder, foi a criação do Comunidade Solidária, vinculado à Casa Civil; bem como do Ministério da Previdência e Assistência Social. Foram extintos, por sua vez, o Ministério do Bem-Estar Social, a Legião Brasileira de Assistência (LBA) e o Centro Brasileiro para a Infância e Adolescência. O Comunidade Solidária, capitaneado pela então primeira-dama Ruth Cardoso, tinha como objetivo ações de combate à pobreza em municípios bastante vulneráveis. Uma de suas características marcantes, que acabou distinguindo-o de outras políticas, é que ele considerava – e estimulava – a presença do terceiro setor ao longo do processo. O Estado participava principalmente como articulador.

Ao longo dos anos no poder, contudo, foi havendo um processo de mudança neste afastamento do Estado das ações de assistência. A Política Nacional de Assistência Social (Pnas) foi aprovada em 1998, já reeleito Fernando Henrique Cardoso. Ela reforçava a responsabilidade do Estado no tocante às

---

8   Haggard e Kaufman (2008) destacam que houve redução de verbas para políticas sociais apenas no governo Collor, não nos de FHC e Lula.

políticas públicas de assistência. A Pnas reconhecia as graves desigualdades do país, as quais passavam não apenas pela questão da renda altamente desigual. Ainda que a definição de quem eram os pobres a serem protegidos tenha ficado imprecisa no documento, explicitou-se a necessidade de atendimento prioritário a crianças e adolescentes, bem como a de programas de renda mínima. A preferência ainda estava em políticas locais, dispersas nas federações, e não concentradas na União.

Apenas em 2000 começam a ser desenhadas novas políticas ou um "esboço de uma nova etapa" (Maciel e Campos, 2010), na qual se desenvolvem o Bolsa Escola, o Programa de Erradicação do Trabalho Infantil (Peti) e programas para idosos, entre outros. O Cadastro Único, que facilitou a localização das famílias mais necessitadas, é de 2001. O resultado dessa mudança é que o governo Fernando Henrique termina com 5 milhões de famílias beneficiárias do Bolsa Escola; quase 1 milhão do bolsa alimentação e 8,5 milhões do auxílio gás. Não se pode afirmar exatamente que os recursos eram amplos, mas seu alcance, sim.

A profusão de diferentes programas de transferência de renda neste período, com os mais diversos fins e beneficiados, gerou outro efeito positivo: fortaleceu a *expertise* no assunto, tendo em vista que as políticas eram desenvolvidas e realizadas em diversos ministérios, de forma quase experimental. As próprias condicionalidades foram postas à prova. "Os erros e acertos dos programas de transferência de renda do período FHC foram importantes para a instituição do desenho do Bolsa Família operado no governo Lula desde o seu primeiro mandato" (Maciel e Campos, 2010).

Outro ponto positivo é que começaram a ser realizadas Conferências Nacionais de Assistência Social – 1995, 1997,

2001 –, aumentando o caráter de participação social, a presença dos cidadãos, através das organizações no processo. A cidadania, ainda que de maneira incipiente, passou a entrar na pauta de discussões de uma nova forma, que não mais a "cidadania regulada". O ponto negativo foi que a assistência social manteve-se à parte das demais políticas de governo, fossem elas macroeconômicas ou especificamente trabalhistas.

Também avaliando os oito anos em que Fernando Henrique Cardoso ocupou a Presidência, Gohn (2010) analisa as mudanças no movimento social. Segundo ela, a partir dos anos 1990, a organização deixa de ser apenas em torno de uma entidade de classe e os sujeitos passam a se agrupar também de acordo com gênero, etnia, faixa etária, entre outros. Nesse contexto, o cidadão não é mais dotado apenas de direitos, mas também de deveres. Ocorre um processo de responsabilização do cidadão na aplicação das políticas de proteção social. O critério que atrela desigualdade exclusivamente ao fator renda se dilui, ampliando-se a muito mais questões.

"A desmobilização do sindicalismo, as altas taxas de desemprego e o declínio da política social contribuíram para a intensificação dessa desigualdade estrutural", destacam Boschi e Lima (2002), comentando as peculiaridades do período.

No governo FHC, pôde ser observado o crescimento do terceiro setor, respondendo a essas novas formas de organização civil, ligadas a um momento de maior privatização, de mais participação das entidades empresariais. Fortaleceu-se a ideia de um espaço público não estatal.

A democratização acabou por transformar a presença dos movimentos sociais, que passam a lutar também pela democratização dos espaços públicos, pela institucionalização da democracia para além do direito ao voto, também como direito à voz. Foi nesse cenário que aumentou a presença das organizações não governamentais (ONGs). Essas características são dignas de nota, porque elas estão presentes justo no nascedouro do programa Bolsa Família (na época, Bolsa Escola). E esse é um dos casos em que o contexto explica muito do desenho da política.

Economia e política social no governo Lula

Em 27 de outubro de 2002, Luiz Inácio Lula da Silva, do PT, é eleito presidente do Brasil, no segundo turno, mais de 20 pontos percentuais à frente do opositor, José Serra, do PSDB. Seguindo a sinalização da campanha, baseando-se nas afirmações contidas na "Carta ao Povo Brasileiro",[9] o PT alcança o poder mantendo as mesmas diretrizes do governo anterior em termos de política monetária: o regime de metas de inflação, com altas – quando julgadas necessárias – nos juros; a independência do Banco Central e o regime de agências, entre outros aspectos.

A chegada ao poder de um partido trabalhista, originalmente de esquerda, em uma coalizão que o levava à centro-esquerda, veio a reforçar o processo de redemocratização. Isso porque, se a democracia existia no aspecto formal, ainda não estava – e todavia segue sem estar – consolidada no âmbito social. E os temas de pobreza e desigualdade haviam se tornado importante bandeira da esquerda (Sader, 2010).

---

9   Em junho de 2002, o PT divulgou um documento, assinado por Lula, no qual afirmava suas intenções de, se eleito, manter políticas tais como o equilíbrio fiscal e o *superavit* primário, entre outras.

Para chegar ao poder, o PT estabeleceu alianças com grupos que tinham diferentes formulações ideológicas das suas originárias. Lula elegeu-se presidente apoiado por uma rede na qual seu partido e demais partidos de esquerda eram atores minoritários (Santos, 2009; Sader, 2009; Haggard e Kaufman, 2008). Ao longo desse processo, acabou defendendo pontos que inicialmente não compunham sua agenda, tais como ajuste fiscal, pagamento da dívida externa e projeto desenvolvimentista. Fica claro que o partido começa a abandonar a proposta de hegemonia dos trabalhadores e buscar apoio em outras classes (Sader, 2010). A própria força política e social de Lula foi importante fator, porque se verificava ainda uma muito diluída mobilização social. O sindicalismo também não tinha mais a força de antes (Boschi e Lima, 2002; Haggard e Kaufman, 2008), o que possibilitou que, nesse processo, o presidente acabasse se dissociando do PT, em alguma medida, criando uma espécie de *carreira solo*.

No livro, *El nuevo topo*, Emir Sader (2009) fundamenta um de seus argumentos principais citando Perry Anderson. Segundo ele, ao chegar ao poder de fato, a esquerda já havia perdido a batalha das ideias. A democracia passara a ser a democracia liberal, enquanto a economia passara a significar capitalismo. Em outro eixo, o Estado passou a significar burocracia e morosidade, enquanto às empresas atribuiu-se o papel do dinamismo. Já não havia mais espaço para tirar a estabilidade monetária do consenso. Isso se deu de tal forma que, em muitos aspectos, os dois governos – FHC e Lula – acabaram se tornando semelhantes.

Segundo afirma Santos (2006), o eleitor brasileiro passou a exigir políticas que visassem à estabilidade monetária, ao crescimento econômico e à redistribuição de renda; "os meios para atingi-las é que podem variar". Assim, quanto a tais finalidades, não mais se aplicaria um contexto de diferenciação entre esquerda e direita. O que poderia se distinguir, isto sim, seriam as políticas que conduziriam até tais resultados. Comentando ponto análogo, Sader (2010) reconhece que o governo Lula reproduziu algumas políticas do governo anterior, mas rejeitou outras, apresentando o que ele considera um quadro "contraditório".

Os partidos de esquerda no poder acabaram adequando suas opções de políticas públicas, trabalhando dentro dos limites apresentados (Santos, 2006). Diversos princípios – tais como a busca por maior igualdade – foram mantidos, mas adaptados à "ordem capitalista conjugada à democracia representativa". Assim, o politólogo defende que a social-democracia contemporânea na América Latina seria aquela com origem na classe trabalhadora que, porém, teve de moderar suas pretensões (Santos, 2009).

Até o ano de 2005, na macroeconomia, o que se observou foi um modelo que mantinha a presença do mercado e do Estado de forma bastante semelhante à dos oito anos anteriores.

> O PT se transformou de força antissistêmica em força reformista de caráter social-democrata e, em seguida, durante a campanha eleitoral e no primeiro mandato de Lula, em um híbrido de social-liberalismo hegemônico, com políticas sociais redistributivas. (Sader, 2009)

Barbosa e Souza (2010) confirmam a presença, no governo Lula, de duas visões conflitantes quanto aos caminhos da política econômica: uma de cunho mais próximo ao modelo neoliberal e outra que defendia a maior participação do Estado. A primeira visão teria predominado nos três primeiros anos de governo, com a presença de Antonio Palocci à frente do Ministério da Fazenda. Entretanto, a defesa de novos ajustes recessivos acabou fortalecendo a mudança de rumos para algo mais próximo à visão desenvolvimentista.

Não se nega que a estabilidade econômica foi fundamental para a "aceleração do desenvolvimento", tanto econômico quanto social. Assim destacam:

> A visão desenvolvimentista do governo Lula também enfatizava a importância das transferências de renda do governo federal para as famílias como instrumento de desenvolvimento econômico. Em contraste com a visão neoliberal, para os desenvolvimentistas, as transferências de renda não se esgotavam apenas como mecanismo de combate da extrema pobreza: constituíam também um instrumento de expansão da demanda agregada e de elevação dos salários reais da economia. (Barbosa e Souza, 2010)

Os autores fazem tais afirmações se referindo principalmente às políticas de aumento do salário mínimo; contudo, ainda que não constitua a maior parte da renda, o programa de transferência condicionada, o Bolsa Família, acabou fortalecendo esse processo, pois tem a capacidade de aumentar a renda real das famílias.

Na prática e em resumo, os oito anos do governo Lula se caracterizaram por uma política monetária austera, em boa parte do tempo, garantindo o controle da inflação, combinado com políticas setoriais e de expansão, as quais foram executadas principalmente através da atuação do Banco Nacional de Desenvolvimento Econômico e Social (BNDES). Quanto às políticas redistributivas e sociais, o governo atuou não apenas com a expansão do Bolsa Família, mas, principalmente, concedendo reajustes anuais ao salário mínimo, que tiveram no período um aumento real de 53%. Essas duas transferências foram, na maior parte do mandato, o "carro-chefe" da política social do governo.

Fabiano Santos (2009), em ensaio, defendeu que as características citadas, tais como um processo de, por um lado, manutenção das políticas macroeconômicas e, por outro, uma maior preocupação com o papel do Estado tanto no desenvolvimentismo como no aspecto social, fazem com que a experiência brasileira de social-democracia se assemelhe, nos desafios, à europeia. O que se pode observar é que a esquerda, não apenas no Brasil, mas em boa parte da América Latina, adequou-se a um contexto neoliberal. Diante do fracasso das políticas desenvolvidas na região nos anos pregressos, a esquerda acabou emergindo como proposta alternativa.

O fato de o processo político estar institucionalizado, aos moldes das democracias europeias, fez com que se pudesse avançar, de maneira mais efetiva, rumo à ampliação dos direitos sociais (Santos, 2006). Não mais a cidadania regulada, mas, sim, um processo de construção em que os atores sociais também têm voz ao longo do estabelecimento das políticas públicas.

Tal transformação decorreria de algumas características do governo Lula, de centro-esquerda. Para começar, o próprio aumento da presença de sindicalistas em cargos de poder. Combinados a isso estão a criação e/ou o fortalecimento dos instrumentos de participação, ampliando a presença dos cidadãos em espaços para além do eleitoral, e a maior atuação dos fundos de pensão na atividade produtiva.

> Essas tendências indicariam, de um lado, um movimento na democratização do acesso ao aparelho de Estado em diversas de suas instâncias e, de outro, uma possível inclusão dos interesses do trabalho no funcionamento do regime produtivo. (Boschi, 2010)

Esse modelo, ainda que tenha semelhanças com o corporativismo, acaba por estabelecer significativas diferenciações em relação à tradição varguista.

> No Brasil, a opção por ingressar na dinâmica financeira pela via dos fundos de pensão teria redefinido as bandeiras de luta dos sindicatos. Teria também beneficiado uma visão e práticas favoráveis à inclusão social nesse âmbito, lado a lado às políticas sociais voltadas especificamente para o combate à pobreza e redução de desigualdades sociais. (Boschi, 2010)

Lanzaro (2009) classifica como "social-democracia *criolla*" a centro-esquerda que passa a ocupar o poder em países tais como Uruguai, Brasil, Bolívia e Chile. Ele define esses governos como "compostos por partidos de esquerda — de filiação socialista, reformista ou revolucionária — (...) que assumiram as regras da democracia representativa de tradição liberal e se encaixam nos parâmetros da economia capitalista". Devido aos vários limites e, em alguns casos, às coalizões estabelecidas, esses governos optam por promover políticas públicas estratégicas. Seriam elas que compensariam as restrições econômicas do sistema vigente.

Diante de uma agenda ortodoxa de austeridade fiscal e controle da inflação, tais partidos de esquerda ou centro-esquerda veem-se tolhidos na aplicação de seus programas. Por outro lado, na proteção social, suas políticas são de mais fácil execução, sem sofrer grandes limitações. E é nesse âmbito que tais partidos conseguem atuar de maneira mais intensa em seu objetivo maior de promover a igualdade e a inclusão. Tal descrição se encaixa de maneira muito natural nos oito anos de governo do PT.

Entre os países latino-americanos que classifica como social-democratas, Lanzaro não inclui, porém, a tão comentada Venezuela, de Hugo Chávez. Na sua acepção, para um governo ser considerado social-democrata, deve estar apoiado em instituições fortalecidas. Partidos e sindicatos devem estar no cerne dessa estrutura. Na Venezuela, nos anos em que perdurou o governo Chávez, tanto a ascensão ao poder quanto sua manutenção foram baseadas em um modelo personalista. As decisões e movimentos giraram sempre em torno da presença, gostos e desgostos de Hugo Chávez.

Conclusão

Há evidências de que a presença de partidos de esquerda faz diferença nos regimes democráticos de países latino-americanos neste período (Haggard e Kaufman, 2008; Huber, 2004). Geralmente, esses partidos são mais favoráveis a programas sociais redistributivos que beneficiem a maior parte da população de risco e baixa renda.[10] Tendem a privilegiar gastos em saúde e educação, enquanto os partidos mais à direita privilegiam a manutenção do sistema de pensões vigente.

Cabe ainda destacar que, no Brasil, os dois principais partidos no cenário político, PT e PSDB, disputam o eleitor de centro, por isso suas campanhas em tanto se parecem. Esse eleitor apresenta aspectos bastante contraditórios, como o desejo da estabilidade econômica (com controle da inflação, por exemplo), porém exigindo crescimento e mais emprego; além disso, afirma desejar o aumento do gasto social, mas também pede por menor carga tributária. Quer-se a igualdade, mas sem o aumento de taxas, ou seja, como se o Estado fosse capaz de redistribuir uma renda que se produz *per se*.

---

10   Huber identifica semelhanças tanto no papel das esquerdas latino-americana e europeia, como também nas opções políticas dos partidos cristãos.

Apesar disso, como ficou claro neste capítulo, há pontos de distinção entre os dois partidos demonstrados, inclusive, ao longo de suas próprias passagens pelo poder. Um deles aglutina de forma mais contumaz os atores ligados ao mundo do trabalho (neste caso, o PT); enquanto o outro, o PSDB, está mais relacionado ao mundo do capital. Ainda que optem por várias políticas semelhantes, continua havendo uma distinção no espectro esquerda-direita.

Se o PSDB manteve uma linha mais homogênea nos oito anos de mandato do presidente Fernando Henrique, especificamente no caso do PT, é sempre importante fazer a ressalva de que existem diferenças relevantes entre o primeiro e o segundo mandato de Lula nas opções de política econômica. Se, em um primeiro momento, a política econômica do PT, em muitos pontos, assemelhou-se à do seu predecessor — mesmo com algumas peculiaridades, como nos arranjos setoriais –, no segundo mandato, a presença do Estado na economia tornou-se bem mais visível. Na crise internacional de 2008, por exemplo, o governo respondeu com um amplo pacote de estímulo à produção e ao consumo, aos moldes keynesianos e nada austero. Desde então, o governo seguiu trabalhando fortemente na expansão do crédito, bem como era mantido à frente do Ministério da Fazenda o economista Guido Mantega, que sempre defendeu um modelo mais ativo de políticas.

Mesmo com cada um tendo as suas próprias agendas, o que se nota é que tanto PT quanto PSDB foram fundamentais na história do Bolsa Família. Ao longo dos dois mandatos de Lula, houve uma clara intensificação em tal política de transferência de renda, política essa que teve seu nascedouro e estruturação em dimensão nacional ainda nos tempos de governo do seu opositor, o PSDB.

Capítulo 4

O Bolsa Família e os programas de transferências condicionadas

No início dos anos 1990, uma nova geração de políticas sociais começou a ganhar espaço na América Latina: os Programas de Transferências Condicionadas (PTCs). Esses programas focalizados de combate à pobreza foram muito mais comuns na América Latina do que em outras regiões (Haggard e Kaufman, 2008). Eles têm por característica fundamental se tratar de uma política não apenas condicionada, mas também focalizada, não universal em seu sentido mais puro.

Em termos gerais, os Programas de Transferência Condicionada podem ser definidos como aqueles que consistem em transferência de recursos financeiros a famílias abaixo de uma determinada linha de pobreza, as quais devem se comprometer a cumprir certas obrigações: há a exigência de contrapartidas tais como presença na escola e vacinação (no caso brasileiro). A combinação de auxílio monetário com exigências educativas e de saúde permitiria, ao menos em tese, atuar em duas frentes: no curto prazo, o alívio da pobreza;

e, a longo prazo, com o desenvolvimento do capital humano, como uma forma de superar o mecanismo de reprodução intergeracional da pobreza. Esses programas se baseiam na premissa de que os mais pobres não têm oportunidades suficientes e estão mais expostos aos riscos. O que, no fim das contas, acaba significando grandes perdas de capital humano (Machinea, Titelman e Uthoff, 2006). Na região, a exigência de presença mínima na escola é recorrente, variando entre 80% e 90%, e há também cobranças quanto ao atendimento de saúde.

O que ocorre nesse momento é uma mudança substancial no caráter das políticas sociais. Se antes os governos optavam por políticas ativas e passivas diretamente relacionadas ao mercado de trabalho ou programas para crianças, com elegibilidade bastante ampliada, os mesmos foram substituídos, em larga escala, por complementos de renda para famílias pobres; ou transferência em produto (como era o caso do brasileiro Fome Zero).

Nos anos 1990, diante das mudanças, em maior ou menor profundidade, no sistema de pensões e no de saúde, visando a melhorar as condições fiscais a longo prazo, os programas focalizados eram uma interessante compensação: além de mais baratos, eram, muitas vezes, financiados por organismos internacionais.

Pesos dos gastos sociais no Produto Interno Bruto (PIB)

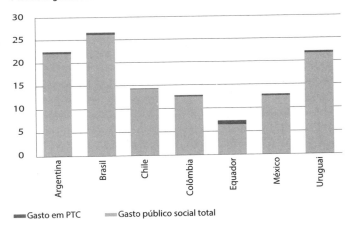

Fonte: Cepal.

O gráfico – com dados de 2008 – evidencia o custo reduzido dos PTCs quando comparados não apenas com a parcela do PIB, mas também dentro do gasto social total. No Brasil, equivale a 0,41% do PIB (Frischtak, 2012).

Essas políticas foram – e ainda são – amplamente apoiadas pelos organismos e bancos de fomento internacionais, tais como o Banco Mundial e instituições ligadas à Organização das Nações Unidas (ONU). O que se propalava era que teriam maior eficiência por serem focalizadas, seriam mais interessantes em um contexto de recursos escassos e tinham o componente clientelista reduzido por serem centralizadas na federação.

Dados tantos incentivos, acabaram se tornando uma política social constante nas agendas dos mais variados países, apropriadas por partidos de diferentes posições ideológicas, inclusive sendo um modelo exportado para outras regiões. Ocorre, mais que isso, uma homogeneização dos desenhos das políticas, de tal modo que os programas se assemelhavam até mesmo na quantia do benefício em países tão distintos como os do Cone Sul ou os do Caribe.

Draibe (2009) chama a atenção para o fato de os Programas de Transferência de Renda Condicionada terem encontrado espaço nos mais diferentes países da região, com variados históricos de programas de proteção social. No fim dos anos 2000, alcançavam 22 milhões de famílias em 17 países latino-americanos. Nos casos de Equador e Brasil, por exemplo, mais de um quarto da população recebe o benefício. Especificamente no Brasil, em 2013, eram 13,8 milhões de famílias, ou cerca de 50 milhões de pessoas.

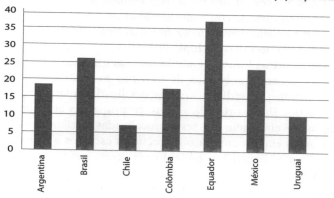

Alcance dos Programas de Transferências Condicionadas (em % da população total)

Fonte: Cepal.

Outro aspecto digno de destaque é que se desenvolveram tanto em países como Brasil e Chile, que têm alguma tradição de políticas de bem-estar, quanto em países caribenhos, ainda com precárias formas de proteção social. Um dos motivos apontados pela autora para a propagação e a manutenção do modelo está no fato de esses programas apresentarem boa resposta eleitoral, "o que leva governo e oposição a não apenas disputarem seu crédito, como prometerem sua perenidade" (Draibe, 2009).

Muitos dos programas de combate à pobreza na região surgiram como resposta às enormes oscilações da economia, incluindo as crises graves, nos anos 1980. Ainda que, em sua origem, algumas dessas políticas de proteção social fossem temporárias, elas acabaram se tornando permanentes, devido aos efeitos prolongados das crises, incluindo aí o aumento do desemprego, da desigualdade e da pobreza.

Documento da Cepal (Machinea, Titelman e Uthoff, 2006) destaca como um ponto positivo a síntese que esses programas fazem de elementos inovadores, quando comparados às políticas pregressas na região. Entre as características estão o fato de se tratar de transferências monetárias que vão diretamente às famílias, reduzindo, em diversos exemplos, a intervenção por parte dos políticos locais; a condicionalidade e a questão da intersetorialidade. Entre as principais inovações também está a responsabilidade compartida. Ao desenvolver um programa de transferência, a família passa a ser responsável por suas próprias opções de proteção ao risco.

O formato costuma ser destacado uma vez que, na maioria dos casos, ao transferir o benefício diretamente à mulher, considera-se que ocorre o incremento de seu poder de decisão no processo. A família aparece sempre como unidade básica da concessão do benefício, principalmente concentrada nas mulheres, que, além das funções de destinatárias e administradoras do recurso, também participam, em muitos casos, das decisões locais quanto a tais políticas públicas.

As condicionalidades impostas às famílias nos programas sociais implementados na América Latina não variam muito. Na educação, há a exigência da presença escolar mínima das crianças, que varia entre 80% e 90%. Quanto a saúde e nutrição, a transferência está condicionada a consultas aos postos de saúde para que possam receber vacinas ou, no caso das mães, para exames pré-natal.

Muitos desses programas contam com recursos vastos e aplicam critérios de elegibilidade relativamente claros, o que acaba significando uma cobertura ampla, diferenciando-os de programas anteriores, que estavam mais sujeitos a processos não muito claros de seleção e se concentravam em regiões mais restritas.

Os programas de transferência aos lares pobres têm efeitos mais imediatos, pois permitem a parcelas importantes da população melhorar seu bem-estar e aumentar a renda e o consumo, o que facilita a superação da situação de pobreza e indigência a curto prazo. O fato de terem a capacidade de solucionar as necessidades imediatas faz com que tais políticas sejam bastante atraentes aos grupos extremamente carentes (Coutinho e Santanna, 2008).

Segundo a dupla de autores, as políticas focalizadas respondem não apenas a esse aspecto, mas também estavam de acordo com o contexto eleitoral. Setores excluídos passaram a ter papéis mais ativos para além do voto, nas negociações de grupos organizados.

O Bolsa Família e a social-democracia

As avaliações dos programas de transferência na América Latina indicam que são positivos, a curto e a médio prazos, os efeitos na educação (taxas de matrícula, frequência escolar, aprovação e aumento da escolaridade).[11] Também se pôde constatar a redução do trabalho infantil, bem como efeitos positivos nos serviços de saúde de prevenção e aspectos nutricionais. Na maioria dos programas de transferência, foi constatado o aumento da renda familiar, mesmo que, em alguns casos, não tenha sido suficiente para reduzir de forma contumaz os índices de pobreza. A focalização também está bem-sucedida: mesmo precisando ser mais concentrada no grupo de menor renda, a maioria dos beneficiados pertence aos dois quintis mais pobres da população de cada país analisado.

Além disso, de acordo com Frischtak (2012), "A elevada diferença de gastos per capita e o foco exclusivo nos mais pobres garantem que sob qualquer métrica a eficácia das transferências do programa Bolsa Família é possivelmente superior às demais".

Destino dos recursos – focalização		
Programa	20% mais pobres	40% mais pobres
Oportunidades (México)	39,50%	62,40%
Familias en Acción (Colômbia)*	71%	97,50%
Red de Protección Social (Nicar.)	55%	80%
Bolsa Família (Brasil)	75%	94%

Fonte: Cepal, Banco Mundial.
* O critério na Colômbia é de famílias indigentes e pobres.

---

11 No caso do Brasil, a situação é distinta, tema a ser desenvolvido mais adiante.

O Programa Bolsa Família

Origens

A Constituição de 1988 marca um momento essencial de mudança, de ruptura, na questão dos direitos dos cidadãos brasileiros, os quais foram ampliados em diversas esferas. Até hoje, trata-se de um elemento-chave para entender as transformações na proteção social no país. A Constituição instituiu, entre outros, o direito a uma renda para idosos e portadores de deficiência em extrema pobreza: o Benefício de Prestação Continuada (BPC).

Os primeiros sinais do que viria a ser o Bolsa Família surgiram em 1995 e foram experiências locais, com programas em Campinas, segunda maior cidade do estado de São Paulo, e em Brasília. Ambos apresentavam no desenho da política exigência de contrapartida ligada à frequência escolar.

No âmbito da federação, o primeiro programa de transferência desse modelo mais recente foi o que tinha como objetivo combater o trabalho infantil, o Programa de Erradicação do Trabalho Infantil (Peti), focalizado em crianças expostas às ameaças do trabalho de risco. Ele foi instituído em 1996, no governo de Fernando Henrique.

Foi o governo do PSDB também que criou, em 2001, o Bolsa Escola, inspirado no programa de Brasília (Soares e Sátyro, 2009). Depois dele, veio o Bolsa Alimentação e, por fim, o Cartão Alimentação, esse já no governo Lula.

Com tamanha profusão de PTCs, Soares e Sátyro (2009) descrevem como o "caos" o gerenciamento de tantos programas em diferentes instâncias ministeriais. Além disso, ressaltam que havia um "emaranhado de políticas sociais", com graves problemas de coordenação, de cadastro e, portanto, de focalização. A percepção do governo não tinha como ser diferente.

Diante disso, já no primeiro ano do PT no poder, o governo federal decidiu unificar os programas, criando o Bolsa Família. A esses quatro programas de assistência social foi agregado também o Vale Gás, programa de subsídio ao gás de cozinha. O modelo permaneceu não contributivo (financiado, portanto, por meio de impostos), focalizado e condicionado.

O Bolsa Família é criado através de uma Medida Provisória de outubro de 2003. No texto da MP, o presidente deixa claro o aspecto de concentração do programa nas mãos da federação, controlado por um conselho interministerial.[12] A Medida Provisória é convertida em lei em janeiro de 2004.

A opção pela Medida Provisória reflete a fragilidade de Lula em duas esferas de poder: tanto no Congresso, que não estava sob seu controle no primeiro mandato, quanto no contato e negociação com os governadores, a maioria deles, então, pertencente a partidos da oposição.[13] Sua opção clara, portanto, é se unir aos prefeitos, cujo poder é muito mais diluído. Passam a ser eles os principais parceiros do governo federal nesta empreitada.

Para ilustrar: uma reportagem da *Folha de S.Paulo* do dia da unificação dos programas informou que apenas quatro governadores, de estados de menor relevância econômica e populacional (Acre, Pará, Goiás e Piauí), compareceram ao evento de lançamento.

A relativa fraqueza do presidente acaba por concentrar, estrategicamente, a formulação e aplicação do programa nas mãos

---

12   Medida Provisória nº 132, de 20 de outubro de 2003. Disponível em: <www.planalto.gov.br/ccivil_03/MPV/Antigas_2003/132.htm>.
13   O PT elegeu apenas três governadores em 2002.

da União. Ou seja, a política social é feita no cerne do governo federal, com a coparticipação dos municípios. Um governo de centro-esquerda optando por políticas sociais de redução da desigualdade. É a preferência do eleitor convertida em política pública.

Fenwick (2009) sugere que o sucesso da implementação do Bolsa Família foi baseado justamente na habilidade do governo federal em contornar a força dos governadores, fazendo todo o processo "intraburocracia". Caso tivesse partido para a aprovação no Congresso, o presidente teria encontrado uma série de barreiras e precisaria negociar de tal forma a quase inviabilizar a aprovação da nova política social.

Esta opção centralizadora faz com que os governadores não consigam reivindicar créditos pela política social simplesmente porque os recursos não passam por eles. Já os "municípios têm pouco a perder participando e dando suporte a esse programa federal, já que sua principal responsabilidade pós-88 é ser o provedor primário de serviços sociais" (Fenwick, 2009).

Remetendo à teoria *boixiana*, é possível afirmar que, para a aplicação de uma política que visa à redução da desigualdade, o governo se valeu de sua força política em novas esferas, unindo-se a novos atores. No caso, junto aos prefeitos.

O processo de implementação da política, como ocorreu em outros casos de PTCs, não significou uma reforma no setor social, nem houve articulação com o Poder Legislativo, tendo em vista que o desenvolvimento do Bolsa Família ocorreu no cerne dos ministérios, portanto, no Executivo (Coutinho e Santanna, 2008). É ele quem, de certa forma, controla todo o processo.

Os PTCs nasceram quase todos sob o signo da forte centralização no governo central, coordenados e executados em organismos criados junto às presidências das repúblicas (...) ou no interior de um ministério, quase sempre acompanhados por algum mecanismo de interação interministerial. (Draibe, 2009)

A partir da unificação, o Bolsa Família passou a ser coordenado pela Secretaria Nacional de Renda de Cidadania (Senarc), sob a responsabilidade do Ministério do Desenvolvimento Social e Combate à Fome. Em 2013, o Bolsa Família atendia a cerca de 13,8 milhões de famílias (equivalendo a algo como 27% da população); é o quarto maior programa social do país em pessoas assistidas, ficando atrás apenas dos beneficiários do Sistema Único de Saúde (SUS), da Educação e da Previdência Social. Em termos absolutos, é o mais amplo do mundo neste gênero.

Famílias beneficiarias do Bolsa Família

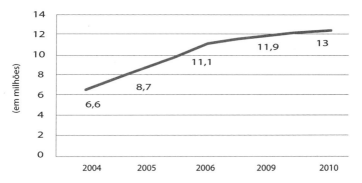

Fonte: MDS.

Ainda que o programa seja concentrado na federação, para a alocação dos recursos, conta com o apoio dos municípios e de outras instâncias não centralizadas. Os municípios são um parceiro importante no processo, responsáveis por manter um coordenador local para o programa, que registra beneficiários potenciais e auxilia no monitoramento das condicionalidades de educação e saúde. Esse burocrata também estabelece conselhos municipais. Aos estados, cabe dar apoio e suporte ao trabalho dos municípios. A Caixa Econômica Federal funciona como o operador no pagamento dos benefícios, trabalhando diretamente com as informações que recebe através do Cadastro Único. Os Ministérios da Saúde e da Educação têm por incumbência fornecer os serviços e participar na cobrança das condicionalidades. Por fim, a Controladoria Geral da União (CGU); o Tribunal de Contas da União (TCU) e o Ministério Público (MP) são responsáveis pelo controle da boa execução do programa e boa aplicação dos recursos.

Formalmente, os objetivos do Bolsa Família são: alívio da pobreza e desigualdade através de transferências monetárias para famílias pobres; quebra da transmissão intergeracional de pobreza mediante incentivos em capital humano; ajuda no empoderamento dos beneficiários ao aproximá-los dos serviços complementares de saúde e educação.

A focalização é feita combinando métodos estatísticos geográficos e de renda *per capita*. O Ministério de Desenvolvimento Social (MDS)[14] determina, pelos registros, as famílias que serão beneficiadas, as quais estão inscritas no Cadastro Único.

Entretanto, ainda que tenha amplo alcance, o programa apresenta um orçamento relativamente baixo. Segundo calculavam Soares e Sátyro, em 2009, cerca de R$ 10,6 bilhões

---

14 O MDS foi criado pouco após a criação do programa Bolsa Família, em janeiro de 2004, a partir da junção do Ministério da Assistência Social com o Ministério Extraordinário de Segurança Alimentar e a Secretaria responsável pelo Bolsa Família.

O Bolsa Família e a social-democracia

ou 0,37% do PIB.[15] Isso acaba por facilitar sua implementação não apenas no que tange às restrições fiscais, mas também na relativa aceitação por parte dos contribuintes que garantem, por meio do pagamento de impostos, o financiamento de um benefício do qual não necessariamente desfrutam.

O programa atende a famílias com renda *per capita* de até R$ 140.[16] Famílias em situação de extrema pobreza, com renda *per capita* inferior aos R$ 70, ingressam automaticamente no programa, sem exigências quanto à presença de menores. No caso daquelas cuja renda se situar entre os R$ 70 e os R$ 140, a elegibilidade depende de terem na família crianças ou adolescentes de até 17 anos. Com essas características, a família pode se cadastrar, mas isso não garante o benefício, pois o Bolsa Família ainda não se tornou um direito pela lei, sendo os postulantes atendidos de acordo com a disponibilidade orçamentária.

As famílias em situação de extrema pobreza recebem um benefício básico de R$ 70. Para as famílias pobres, o benefício variável é de R$ 32 por criança no domicílio e pode chegar a até cinco crianças. Existe ainda um terceiro benefício, vinculado ao adolescente, de R$ 38, que pode atender a até dois jovens. No total, o montante pode chegar aos R$ 306, pouco menos da metade do valor do salário mínimo.

No que diz respeito às condicionalidades, é exigida a frequência escolar de 85% para crianças e adolescentes de seis a 15 anos. E de 75% para 16 e 17 anos. É cobrada também a vacinação, bem como o pré-natal das mães. Por fim, exige-se a presença em programas socioeducativos. O benefício é pago preferencialmente à mãe.

---

15   Para 2012, Frischtak calculava 0,41% do PIB. Em 2013, segundo o MDS, a previsão de gasto era de R$ 24,9 bilhões.
16   Os dados deste e dos dois demais parágrafos são relativos a 2012.

Condicionalidades do Bolsa Família		
	Saúde	Educação
Crianças	Para todas as crianças de 0-7: calendário de vacinas e visitas regulares ao posto de saúde	Todas as crianças entre 6-15 anos devem estar na escola, com frequência de 85%
Mulheres	Pré-natal e participação em seminários informativos de saúde, educação e nutrição	(Pais) Responsáveis pela frequência escolar

Fonte: Banco Mundial, MDS.

Segundo Draibe (2009), o Bolsa Família se encaixa no que é chamado Programa de Transferência Condicionada por apresentar as seguintes características: trata-se de um programa do tipo auxílio monetário, não contributivo; a transferência é utilizada com vistas a modificar comportamentos individuais; o benefício é entregue às mulheres, mas destina-se a toda a família; os beneficiados são famílias principalmente muito pobres, com filhos em idade escolar; exige contrapartidas por parte dos beneficiários (a maioria delas relativa a educação e saúde).

No tocante à focalização, ainda que ela continue existindo, há muito já pode ser considerada, no Brasil, uma espécie de "universalização inteligente", porque a abrangência e o modelo ultrapassaram números que os pudessem classificar dentro de um contexto de restrições. Ele atende a mais de 50% da população de Maranhão, Piauí, Ceará, Alagoas, Paraíba e Pernambuco e 40% da de Bahia, Roraima, Acre, Tocantins, Rio Grande do Norte e Sergipe.[17]

---

17   Dados extraídos de Amorim Neto e Santos (2012).

A intersetorialidade é apontada como um dos fatores fundamentais para o bom desenvolvimento dos programas de transferência condicionada, porque se entende que uma das principais características desejadas destas políticas é a capacidade de integrar o cidadão ao sistema de proteção de cunho universalista. O Bolsa Família, então, torna-se importante aliado na ligação entre o Estado e o cidadão, por meio de programas de saúde, educação e nutrição, entre tantos outros, podendo estar mesmo incluídos programas de inserção laboral. Espera-se que haja uma sinergia, facilitando assim a saída dos ciclos viciosos de pobreza (Draibe, 2009).

Um documento preparado para o Banco Mundial (Lindert et al., 2007) ressalta o caráter unificador não apenas vertical (ou seja, unindo programas antes dispersos), mas também horizontal, na sua capacidade de levar aos beneficiários os demais serviços oferecidos pelo Estado. As condicionalidades acabam sendo vistas como instrumentos capazes de fazer com que os cidadãos de mais baixa renda busquem seus direitos. Isso porque, historicamente, o acesso universal à educação e à saúde jamais significou o real acesso universal a esses serviços prestados pelo Estado.

O Bolsa Família apresenta semelhanças e distinções em relação aos demais programas de transferência condicionada. Na comparação com o PTC mexicano, por exemplo, as diferenças são apenas marginais. Já no caso do programa chileno Puente, há uma série de distinções, o segundo tendo uma lista de exigências de 53 metas, com forte componente psicossocial.

Bolsa Família – efeitos eleitorais

Do lado dos impactos políticos e eleitorais, Santos (2009) se refere a uma "verdadeira transformação na estrutura do voto e das coalizões sociais de apoio ao Partido dos Trabalhadores", seguindo o padrão ocorrido com outras políticas social-democratas adotadas em variados países do mundo. O Bolsa Família mostrou efeitos que vão além do combate à pobreza, "tem funcionado como eficiente estratégia de manutenção de governabilidade e legitimidade" (Coutinho e Santanna, 2008).

Os estudos apontam que, de fato, o programa acabou por modificar a base eleitoral do partido presidencial (Zucco, 2008), ampliando a presença desses beneficiados na esfera política. Como o programa tem por característica um cadastro único, concentrado na federação, isso, em alguma medida, tirou parte do poder dos representantes locais de decidirem quanto à alocação de recursos por si só. Reduziu-se o potencial de práticas clientelistas de política. Os eleitores de Lula, em parte, saíram do Sudeste e foram se concentrar em áreas de menor renda, municípios beneficiados pelo Bolsa Família. Nesta mesma lógica, o DEM, partido de oposição, perdeu áreas que antes o apoiavam.

Sader (2009) destaca o fato de que o programa Bolsa Família, além de outras políticas empreendidas, teve o importante papel de ajudar o PT a alcançar objetivos históricos seus, tais como redução da desigualdade e aumento da oferta de empregos. Assim, o sucesso dessas políticas sociais acabou garantindo ao PT a reeleição em 2006, mesmo diante das acusações de corrupção que começaram a ser divulgadas na imprensa no ano anterior (Sader, 2010).

Ainda que programas de combate à pobreza componham tradicionalmente a agenda de reformas neoliberais, eles se distinguem de outras iniciativas porque oferecem oportunidades relativamente diretas para os políticos para conseguirem apoio entre novos grupos. (Haggard e Kaufman, 2008)

Coutinho e Santanna (2008) argumentam que o eleitorado, cada vez mais, passará a associar o Bolsa Família – ou os PTCs em geral – como uma política de Estado, gerando uma "apatia pela exclusão". A tese de tais autores é de que o programa tem hoje um custo de cancelamento maior do que o custo de benefício. Assim, não se poderá notar uma correlação forte entre o benefício e as opções eleitorais e partidárias.[18]

Santos (2009) afirma que "é fato incontestável que existem divergências importantes" entre PT, PSB e PCdoB quando comparados com PSDB e DEM. Essas diferentes visões reproduziriam as divergências quanto ao papel mais proativo do Estado que, na Europa, aglutinam os social-democratas de um lado e, do outro, os partidos liberais. No contexto brasileiro, "a radicalização das políticas de transferência condicionada" integraria este rol de divergências. O esquema demonstra as distinções no espectro direita-esquerda quanto às terminologia e percepção dos programas de transferência de renda.

Objetivos dos programas de transferência – discurso	
← Emancipação Empoderamento	Reduzir a dependência das políticas de bem-estar →
Esquerda ← Espectro político → Direita	

---

18 Discordo desta visão, pois defendo que há matizes que diferenciam a percepção dos partidos quanto ao papel dos programas de transferência. Comparto da visão de trabalho do Banco Mundial de que, ainda que os objetivos e mesmo as políticas sejam semelhantes, há diferentes meios para alcançar seus fins e para avaliar seus processos.

Bolsa Família – impactos socioeconômicos

Importante pesquisadora do tema, Draibe (2009) lista alguns objetivos que foram logrados pelos Planos de Transferência Condicionada, dentre os quais se inclui o Bolsa Família, mas não apenas ele. Tais aspectos seriam: boa focalização nas famílias pobres; o fato de as transferências garantirem um piso mínimo de consumo; o "efeito preguiça" não se confirmar; o incentivo ao acesso a políticas universalistas de saúde e educação, reduzindo a desigualdade de oportunidades; o aumento dos investimentos produtivos das famílias.

Não se ignora aqui o fato de que o objetivo inicial do Bolsa Escola estava bastante relacionado a uma capacidade de cortar o ciclo vicioso de pobreza intergeracional; assim, o componente educativo era posto como condição *sine qua non* para o programa ser considerado exitoso. Em alguns casos na América Latina, os PTCs foram bastante relevantes no aumento da frequência, da escolaridade ou da taxa de matrícula. Entretanto, segundo avaliações feitas, esse não foi o caso do Bolsa Família. No Brasil, tal impacto não é considerado tão relevante, uma vez que a taxa de matrícula já era bastante alta na faixa etária de 7 a 14 anos (Schwartzman, 2006; Draibe, 2009). Na saúde, também não há evidências fortes de que o programa tenha apresentado impacto relevante.

Por outro lado, no tocante ao impacto sobre a desigualdade, segundo apontam alguns estudos (Soares e Sátyro, 2009; Barros et al., 2006), o Bolsa Família é um dos principais responsáveis pela queda da desigualdade e aumento da renda, como mostra o gráfico. De acordo com Soares (2006), entre 1995 e 2004, o Bolsa Família foi responsável por 19% na queda do índice de Gini, apesar de equivaler a meros 0,5% da renda das famílias. Entre 2004 e 2006, a participação do Bolsa Família na redução da desigualdade se manteve praticamente tão relevante quanto no período anterior.

Decomposição da queda do coeficiente de Gini		
Tipo de renda	1995-2004	2004-06
Renda domiciliar *per capita*	100%	100%
Renda do trabalho	73%	32%
Aposentadorias e pensões públicas	-10%	37%
Outros rendimentos (capital)	11%	-4%
BPC-Loas	7%	14%
Bolsa Família	**19%**	**21%**

Fonte: Soares e Sátyro (2009).

Quanto à redução efetiva da pobreza, o Bolsa Família, porém, não vinha surtindo grande efeito. Mas é de fundamental importância quando se trata de diminuição das faixas de extrema pobreza. Os PTCs em geral têm impacto inquestionável no alívio momentâneo da pobreza.

Nos anos recentes (2001-09), no Brasil, registrou-se queda na taxa de pobreza, que saiu de 35,2% para 21,4%. A extrema pobreza saiu de 15,3% para 7,3% da população (Frischtak, 2012).

Esse processo vem sendo verificado desde o início dos programas. No período 2002-04, as transferências foram, ainda que não o mais importante, bastante relevantes para reduzir a pobreza. Mesmo que tal queda tenha sido pequena, a pobreza teria aumentado não fossem as transferências (Hoffmann, 2006). Segundo Soares (2006), no período 1989-90, a desigualdade reduziu porque houve um empobrecimento geral. Isso, porém, não foi o que ocorreu depois. A desigualdade, que sempre mostrou enorme persistência no país, começou a ter quedas sucessivas a partir de 2001 (Barros et al., 2006; Ferreira et al., 2006).

Segundo Frischtak, nos anos recentes, cerca de 2/3 da redução da desigualdade podem ser atribuídos ao padrão de expansão do mercado de trabalho. Os demais dizem respeito à renda previdenciária (15,7%) e aos programas sociais (17%), "sendo o Bolsa Família o mais relevante".

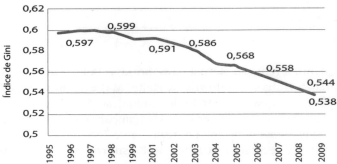

Fonte: Ipea/dados Pnad.

O Bolsa Família está muito bem focalizado. Os 25% de menor renda na população recebem 80% de todos os benefícios. Os quatro programas de transferência que existiam previamente, juntos, faziam com que 64% dos benefícios chegassem a esse grupo de pessoas. Os dados da Pesquisa Nacional por Amostra de Domicílios (Pnad) 2004 mostram que os 20%

mais pobres da população recebiam 75% de todos os recursos do Bolsa Família; os 40% mais pobres recebiam 94% do total. Trata-se da sexta mais bem focalizada transferência no mundo.

Em termos gerais, Draibe considera o resultado de tais políticas "positivo e significativo" no que diz respeito ao consumo atual das famílias e ao acesso a serviços sociais; entretanto, segundo a avaliação da autora, não há evidências de uma consistente redução da pobreza e verificação de melhorias intergeracionais. Reconhece-se, de fato, que inicialmente estes eram os grandes objetivos dos programas, incluindo o caso do próprio Bolsa Família. Contudo, ao longo do trajeto, fatores tais como a própria capacidade de redução da desigualdade acabaram se tornando um objetivo mais ressaltado pelos governos.

O outro lado: críticas

O Bolsa Família — ainda que integre o programa de todos os principais partidos políticos no Brasil — é alvo de críticas por partes de diversos setores da sociedade. De forma genérica, à direita, as mais comuns são as que dizem respeito ao "efeito preguiça", ou seja, ter uma receita garantida faria as pessoas não mais quererem trabalhar, e a um suposto caráter populista do benefício. À esquerda, a principal crítica é de que tais programas são apenas paliativos, que o Estado acaba atuando como provedor de bens e incentivador de consumo, deixando de lado a provisão de serviços; e, sobretudo, que ele acaba por erodir políticas que tenham um caráter consensual na sociedade.

Documento da Cepal (Machinea, Titelman e Uthoff, 2006) critica o fato de que, ao concentrar esforços na direção de políticas focalizadas, isso acabou limitando seriamente o investimento em políticas de criação de emprego produtivo. Assim, ainda que a focalização pressuponha a concentração de esforços e recursos públicos nos campos da política social, em que o efeito redistributivo é mais progressivo, uma focalização prolongada pode reforçar o aspecto de dependência dos beneficiários, opondo-se ao exercício efetivo da cidadania.

Outra forte crítica reforça a análise clássica de políticas da social-democracia. Por essa visão, é irrevogável a presença de serviços universalistas, pelos quais todos pagam e todos se beneficiam. Segundo Kerstenetzky (2009), "políticas sociais focalizadas podem enfraquecer a disposição para pagar impostos que as financiem por meio do princípio de segregação que está inscrito nelas". O fato de que o Bolsa Família tem beneficiários diferentes dos financiadores faz com que aumente a necessidade de se contar com uma enorme solidariedade para manutenção e expansão de tal política. O estigma manter-se-ia, incapaz de causar a desmercantilização esperada e desejada. A autora argumenta que "políticas redistributivas de renda [desse formato] tendem a redistribuir menos que políticas de renda universais, porque há uma tendência de haver menos a ser redistribuído". Além disso, os problemas na oferta de serviços – não apenas escassez, mas também a precariedade – acabam dificultando ainda mais o êxito dos programas de transferência para algo que vá além do alívio de pobreza (Lavinas, 2006; Machinea et al., 2006).

Diante disso, Kerstenetzky (2009) levanta a possibilidade de que a condicionalidade dos Programas de Transferências Condicionadas esteja travestida de argumentos de autonomia do indivíduo, quando, na verdade, estaria baseada no princípio de que "não há almoço grátis". Assim, os benefícios, pagos por outros, deveriam ser compensados por parte de quem os recebe. Feita a crítica, a autora defende um modelo mix de focalização e universalização.

O incremento do Bolsa Família foi muito criticado por setores da oposição, que o classificaram como assistencialista, segundo relata Santos (2006). O documento do Banco Mundial (Lindert et al., 2007) também ressalta o fato de que transferências em dinheiro possam ser percebidas como assistencialistas. Porém, no caso das transferências condicionadas, haver exigências de contrapartida, ou seja, ter a responsabilidade partilhada com o beneficiário, vem gerando menor resistência por parte da sociedade. A condicionalidade é destacada pelo Banco Mundial como importante elemento para a aceitação do Bolsa Família, o que se vê refletido no amplo apoio por parte dos diferentes partidos. Pesquisas de opinião indicam que 97% dos entrevistados concordaram com as condicionalidades do programa e 83% o avaliaram como bom ou ótimo. As condicionalidades são bem aceitas, inclusive, pelos beneficiários: apenas 2% as consideraram ruins, de acordo com documento do Banco Mundial de 2007.

Bolsa Família: uma política pública da social-democracia

Quando o neoliberalismo ainda tinha forte presença nas políticas da região, Esping-Andersen (1996), o autor mais citado quando o tema é social-democracia, duvidava dos caminhos seguidos pelas políticas de bem-estar na América Latina. Contudo, nesses mais de 15 anos, houve um aprofundamento em tal sentido, com a busca pela igualdade tendo se arraigado nas sociedades.

Não se nega que, originalmente, a maioria das abordagens sobre as políticas de bem-estar afirmava que só poderiam ter tal classificação aquelas com elegibilidade universal, não estigmatizante. A leitura era de que a opção concentrada de um Estado por políticas focalizadas, pelo perfil da política, mantinha a estratificação da sociedade, em pouco ou nada contribuindo para a desmercantilização (Esping-Andersen, 1990). No entanto, com o recuo das políticas sociais nos anos 1980, marcante sobretudo no caso da Europa, há uma releitura quanto aos instrumentos de política de que dispunha a social-democracia.

Assim, o mesmo Esping-Andersen (2007) e Esping-Andersen e colaboradores (2002), estudando os rumos da social-democracia e aceitando a necessidade de novos formatos de políticas de proteção social, identificam a possibilidade de que os PTCs possam integrar a agenda da política de bem-estar. Entre as opções que garantiriam melhor destino aos recursos mais escassos estão os programas de transferência. Eles representariam uma alternativa de instrumento para a promoção do bem-estar, principalmente para as futuras gerações. Fatores como atenção à criança e à educação são listados como características importantes neste tipo de iniciativa.

Segundo relata Jonas Pontusson (2005), a focalização vem se tornando política mais constante mesmo em países não liberais, com a menor disponibilidade de recursos para promover políticas sociais. Diante da considerada impossibilidade de fazer programas que atendam a todos com alguma qualidade, opta-se por tentar ir direto ao ponto, ou seja: canalizar os esforços para os efetivamente mais necessitados. O autor, ainda que não seja exatamente um entusiasta e destaque o risco da estigmatização, avalia de forma positiva tais programas por alcançarem quem realmente precisa, fazendo assim com que os recursos sejam bem alocados.

Se políticas de bem-estar são aquelas que têm, entre outras preocupações, o foco principal no combate à desigualdade, os últimos governos brasileiros vêm demonstrando esforços nesse sentido. Ainda que uma política liberal pudesse ter o mesmo efeito, seu objetivo inicial não passaria por essa prerrogativa, pois é da natureza liberal entender a desigualdade como parte do processo capitalista (Bobbio, 1995).

Mesmo que o Programa de Transferência Condicionada brasileiro, o Bolsa Família, não tenha em sua lógica a ideia de um benefício pelo qual todos pagam e todos são beneficiados, exibindo a marca de consenso da sociedade comum ao modelo social-democrata, ele tem por característica romper com uma tradição de benefícios contributivos no país, apresentando um caráter progressivo de transferência. Por se tratar de uma região com altos índices de informalidade, acaba se diferenciando também com essa proposta de que não será um benefício que requererá a participação por meio de contribuições por parte do trabalhador formal.[19] Para além disso, essa nova forma de fazer política foi fortalecida durante o mandato de um partido que conta com a presença substancial da classe trabalhadora no poder.

Outro aspecto deve ser considerado: o direcionamento no sentido do combate à vulnerabilidade e à pobreza infantil. Essa preocupação no desenho da política mostra importante

---

19 Isso vai ocorrer apenas indiretamente, com o pagamento pelos beneficiários, por exemplo, de impostos sobre produtos e serviços, os quais acabam revertendo para o financiamento do Bolsa Família.

avanço para a melhoria das condições para gerações futuras, diminuindo a exposição aos riscos herdados. O fato de o benefício ser dado à mulher também representa uma inovação que moderniza a política, pois colabora, ainda que de forma tímida – e gerando alguma controvérsia –, com a emancipação feminina.[20]

Em artigo de 2004 publicado pela Fundação Perseu Abramo (do próprio PT), Amélia Cohn e Ana Fonseca, ambas diretamente ligadas à execução do programa Bolsa Família,[21] destacam pontos que diferenciam o Bolsa Família de outros programas de alívio de pobreza que foram aplicados ao longo da história brasileira. Esses aspectos o aproximam de um modelo social-democrata de política social: integrado e com vistas à emancipação no longo prazo.

Entre as características relevantes, é destacada a integração das políticas setoriais, também tratando os estados e municípios como "efetivos parceiros" na tarefa. Pelo formato do programa, a pobreza perde seu caráter pontual e, ainda que não conduza a um aspecto de emancipação imediato, ele acaba gerando riqueza local e consequente desenvolvimento descentralizado. A questão da intersetorialidade é vista como de suma importância; reconhecendo-se, outrossim, que ainda ocorrem muitos problemas na oferta de serviços.

Entre os avanços estão a intervenção não individual, mas familiar; o entendimento de que os programas de transferência de renda não são suficientes por si só, sendo necessária a presença do Estado em outras esferas, com a oferta de servi-

---

20   Alguns autores argumentam que, ao conceder o benefício à mulher e dela cobrar o cumprimento das condicionalidades, o programa a estaria sobrecarregando de responsabilidades.
21   Amélia Cohn era, então, diretora de Monitoramento e Avaliação da Secretaria Executiva do Programa Bolsa Família e Ana Fonseca, secretária executiva do Programa.

O Bolsa Família e a social-democracia

ços universais; a busca pela parceria com estados e municípios; e o mais relevante:

> ter como eixo a preocupação com a dimensão republicana – a criação de critérios públicos e universais de inclusão e exclusão no programa, orientados por uma concepção não punitiva, mas contratual quanto às condicionalidades.

O Estado não abre mão de seu papel, ao contrário, reconhece a necessidade da sua presença.[22]

A nova realidade política no país apresenta sinais de novos tempos da relação sociedade-Estado, abrindo espaço para um modelo político social-democrata, com a chegada ao governo (em várias de suas instâncias) de um partido e de grupos ligados aos trabalhadores (Boschi, 2010). Nesse mesmo caminho, que conduz a um cenário de social-democracia, estão a criação de fóruns nacionais, que trazem a sociedade civil à participação. A cidadania se amplia.

Todos esses elementos reunidos, o Bolsa Família apresenta características em sua concepção – e prática – que o aproximam das novas políticas definidas como social-democratas, ou de centro-esquerda. São elas: a redução da desigualdade como um propósito, o aspecto não contributivo, a atenção à criança, a concentração do benefício em um arranjo nacional, não local e uma "universalização inteligente", tendo em vista que mais de 25% da população são beneficiados. Se não ocorre ainda o tão esperado consenso interclasses, a desmer-

---

22 Luiz Dulci, então chefe da Secretaria Geral da Presidência, defende em artigo de 2010 que tal política de proteção social e transferência de renda integra um processo que envolve várias instâncias do Estado e grupos sociais de todas as regiões. Assim, o processo mostraria maior autenticidade, não representando apenas um movimento de cima para baixo, contando também com uma interação maior entre os grupos beneficiários. Neste sentido, a política aumentaria seu caráter social-democrata.

cantilização do trabalho, mesmo que só verificada de forma precária, já dá seus primeiros sinais.

Novos caminhos

Soares e Sátyro (2009) destacam que existe no Brasil um debate com duas vertentes. Uma delas – que encontra forte apoio nas classes de maior renda – defende ser necessário aumentar a cobrança de contrapartidas. A outra interpretação do programa o veria como proteção social. Por essa percepção, a exigência de contrapartidas deveria ser reduzida, como forma de ampliar o alcance da política, transformando-a em direito pela ótica da lei. "Se o programa é proteção social, deve ser pensado enquanto política permanente; portanto, o prazo de permanência se prolonga enquanto dura a necessidade da família", afirmam. E destacam que, neste caso, estaríamos rumando para uma linha de um programa de renda mínima.

Os dois partidos que disputaram a presidência no pleito de 2010, ainda que concordassem com a manutenção do programa, como ficou evidenciado na campanha presidencial, optavam por caminhos distintos quanto a seu perfil. Em março de 2010, por exemplo, o senador Tasso Jereissati, do PSDB, encaminhou Projeto de Lei que garantia um benefício adicional do programa Bolsa Família aos alunos bem-sucedidos na escola; ou seja, ampliando a relação benefício-contrapartida. Enquanto isso, o governo do PT veio trabalhando, através da Secretaria Geral da Presidência, no intuito de consolidar as leis sociais, transformando o Bolsa Família em um direito e fazendo dele um benefício universal, incluído na Consolidação das Leis Sociais. A Consolidação das Leis Sociais, no ano eleitoral de 2010, acabou sendo relegada à gaveta do presidente Lula, que terminou o mandato sem tentar aprová-la, sabendo a dificuldade em arregimentar o apoio para tanto.

O então presidente, em entrevista, reforçou o entendimento de que o Bolsa Família precisava ainda ser ampliado de tal forma a garantir a efetiva universalidade das famílias que se encaixam no perfil dos grupos focalizados.

Conclusão

Não é de agora que o Brasil vem desenvolvendo políticas de proteção social. Ao contrário, o processo vem de longe. No entanto, duas grandes mudanças ocorrem no contexto atual. A primeira: a participação de grupos articulados no desenvolvimento da política, não mais obedecendo necessariamente a um padrão de cima para baixo. Também se deve incluir a chegada ao poder de um partido ligado à classe de trabalhadores, o qual traz consigo uma agenda política de centro-esquerda distinta e própria.

O outro ponto digno de nota é a amplitude que a política brasileira de transferência de renda condicionada alcançou. O Bolsa Família chega a mais de 13 milhões de famílias, ou seja, em torno de 1/4 da população. Sua capacidade progressiva na redistribuição dos recursos, revertendo um quadro que vínhamos pintando há décadas, traz consigo algo de transformador em um sistema com um caráter notadamente conhecido por sua regressividade. Os números evidenciam que a política teve forte impacto na redução da desigualdade recente.

O Bolsa Família, dadas suas características e amplitude, pode ser considerado uma política inovadora e bem-sucedida. Não que seja suficiente ou que não mereça correções. Mas, certamente, apresenta avanços no que diz respeito às políticas de redução de risco quando comparadas às que vinham sendo implementadas até então. Mais progressiva, mais moderna, menos clientelista: uma política social-democrata de novos tempos.

Conclusão

A ascensão dos partidos de esquerda, muitos em coalizões de centro-esquerda na América Latina — e, mais especificamente, no Brasil —, acabou trazendo novas opções de políticas públicas para a região. O Estado aumentou sua participação de diversas formas, seja com políticas de incentivo à oferta ou ao consumo, seja com políticas sociais, entre tantas outras. Em suma, ele passou a atuar com mais intensidade em frentes nas quais, por algum tempo, esteve ausente ou pouco presente.

Entender melhor o papel da política social — neste caso, o do Bolsa Família — ajuda a esclarecer a forma como os partidos e os diferentes grupos de pressão na sociedade vêm se comportando. A conclusão é a de que, a despeito da ausência da universalidade *ampla, geral e irrestrita*, o programa Bolsa Família, por características tais como a busca pela igualdade, sua abrangência, atenção à criança e à mulher e o aspecto não contributivo, pode, sim, integrar o que se classifica como uma política social-democrata dos tempos atuais.

O programa é, em larga medida, um dos reflexos das opções dos três governos do Partido dos Trabalhadores. Esses governos apresentam aspectos muito fortes que os relacionam com o modelo social-democrata. Amorim Neto e Santos (2012) destacam que, entre quatro grandes fatores analisados – política social, macroeconomia, práticas neocorporativas e composição do poder –, apenas na questão sindical a social-democracia brasileira não se assemelha ao que é verificado na Europa, por excelência o espaço da social-democracia.

Os argumentos permanecem em aberto para debates, concordâncias ou discordâncias. Porém algumas evidências estatísticas já mostram que, de fato, os países latino-americanos estão passando por mudanças.

Já se dispõe de dados que demonstram que ter um partido de esquerda no poder ainda faz diferença na igualdade. Por exemplo, quando se compara a evolução da pobreza e da desigualdade em países governados pela esquerda na América Latina, o que se percebe é que eles apresentaram uma queda da pobreza e da desigualdade maior que nos períodos de governos anteriores. No período 2003-06, os índices de pobreza e extrema pobreza e de desigualdade caíram três vezes mais rápido nos países governados pela esquerda do que nos países governados por partidos de outras correntes políticas (Lustig, 2009).[23]

Não há como identificar com mais clareza se a chegada do PT ao poder foi o fator determinante para o fortalecimento e a ampliação dos Programas de Transferência de Renda Condicionada. Tampouco se pode dizer que a permanência do PSDB não teria levado a esse cenário. O que se pode, sim, afirmar

---

23   A autora trabalha com dados de Argentina, Brasil, Chile e Venezuela.

O Bolsa Família e a social-democracia

é que, ainda que inicialmente PSDB e PT disputassem o papel de representantes da social-democracia na esfera política brasileira (Amorim Neto, 2003), com o abrandamento do discurso petista, a centro-esquerda acabou ocupada pelo PT, enquanto o PSDB estabeleceu-se a sua direita. O PT hoje se encaixa em um padrão bastante afim com as definições que se têm do que são os partidos social-democratas europeus: antecedentes socialistas; ligado a movimentos sociais e sindicatos; com objetivos declarados de transformação; preocupado com a redistribuição e justiça social; com apoio entre segmentos da população mais pobre.

A questão que se coloca é quais serão os passos daqui para frente. Se houve uma disponibilidade de recursos nos anos recentes, não se pode confiar que se terá muito mais para a ampliação dos programas. O avanço do consumo das famílias é notável, mas ainda permanecem lacunas, principalmente em termos de qualidade, no fornecimento de serviços públicos universais. A social-democracia brasileira requer reforços e aprimoramentos para seguir atuando e ser qualificada como tal (Frischtak, 2012).

A crise mundial, iniciada em 2008, começa, apenas no ano de 2012, a ser percebida de forma mais efetiva no Brasil, com taxas de crescimento menores que as esperadas e alta no endividamento das famílias. Os incentivos, outrora certeiros em sua atuação, dão sinais de que não serão suficientes.

Essa incapacidade da economia de resolver por si mesma evidencia, novamente, o papel da política. Não apenas no caso brasileiro, mas também na esfera internacional, os caminhos que se tomarão serão pautados pela política: o keynesianismo, declarado quase morto nos anos 1970, reencontra algum espaço nas falhas e faltas deixadas pelo neoliberalismo.

No Brasil não tem sido diferente.

Assim, fica claro que, até o ponto de hoje, o governo de centro-esquerda tem apresentado sua agenda própria de políticas públicas, com aumento do papel do Estado e intervenção nas políticas econômica e social.

Não houve crise, mudança ou consenso econômico do mundo que fizesse desaparecer o papel da política. Ao contrário, ela resiste e é persistente. Mais que isso: necessária.

Referências

Social-democracia: literatura clássica e contemporânea (Europa)

ABRAHAMSON, Peter. El modelo nórdico de protección social y sus efectos en la cohesión social. In: COHESIÓN SOCIAL EN AMÉRICA LATINA Y EL CARIBE: UNA REVISIÓN PERENTORIA DE ALGUNAS DE SUS DIMENSIONES, 2006, Cidade do Panamá.

ARRETCHE, Marta. Emergência e desenvolvimento do Welfare State: teorias explicativas. *BIB*, Rio de Janeiro, n. 39, p. 3-40, 1. sem. 1995.

BERGOUNIOUX, Alain; MANIN, Bernard. *Le régime social-démocrate*. Paris: PUF, 1989.

BERNSTEIN, Eduard. *Socialismo evolucionário*. Rio de Janeiro: Jorge Zahar, 1997.

BEVERIDGE, William. *The Beveridge Report. Full employment and allied services*. 1942. Mimeografado.

BOIX, Carles. *Political parties, growth and equality*: conservative and social democratic economic strategies in the world economy. Cambridge: Cambridge University Press, 1998.

_____. *Democracy and redistribution*. Cambridge: Cambridge University Press, 2003.

BRIGGS, Asa. The Welfare State in historical perspective [1969]. In: PIERSON, Christopher; CASTLES, Francis. *The Welfare State reader*. Cambridge: Polity Press, 2007. p. 16-29.

CAMERON, David. Social democracy, corporatism, labor quiescence, and the representation of economic interest in advanced capitalist society. In: GODTHORPE, J. (Ed.). *Order and conflict in contemporary capitalism*. Oxford: Clarendon Press, 1984. p. 143-178.

CASTLES, Francis G.; OBINGER, Herbert. Social expenditure and the politics of redistribution. *Journal of European Social Policy*, v. 17, n. 3, p. 206- 222, 2007.

ESPING-ANDERSEN, Gosta; KORPI, Walter. Social policy as class politics in post-war capitalism: Scandinavia, Germany and Sweden. In: GODTHORPE, J. (Ed.). *Order and conflict in contemporary capitalism*. Oxford: Clarendon Press, 1984. p. 179-208.

_____. *Politics against markets*: the social-democratic road to power. Princeton: Princeton University Press, 1985.

_____. *The three worlds of welfare capitalism*. Princeton: Princeton University Press, 1990.

ESPING-ANDERSEN, Gosta (Ed.). *Welfare States in transition*. Londres: Sage Publications/United Nations Research Institute for Social Development, 1996.

_____. *Social foundations of postindustrial economies*. Oxford: Oxford University Press, 1999.

_____. A Welfare State for the twenty-first century (2001). In: PIERSON, Christopher; CASTLES, Francis. *The Welfare State reader*. Cambridge: Polity Press, 2007. p. 434-454.

_____ et al. *Why we need a new Welfare State*. Oxford: Oxford University Press, 2002.

GARRETT, Geoffrey. *Partisan politics in the global economy*. Cambridge: Cambridge University Press, 1998.

HEMERIJCK, Anton. The self transformation of the European Social Model(s). In: ESPING-ANDERSEN, Gosta et al. *Why we need a new Welfare State*. Oxford: Oxford University Press, 2002.

IVERSEN, Torben. *Capitalism, democracy and welfare*. Cambridge: Cambridge University Press, 2005.

JUDT, Tony. A urgência do presente. *O Globo*, Rio de Janeiro, 22 maio 2010. Caderno Prosa & Verso, p. 1-2. Entrevista concedida ao repórter Guilherme Freitas.

_____. *O mal ronda a Terra*. Rio de Janeiro: Objetiva, 2011.

KAUTSKY, Karl. *The class struggle*. Nova York: W. W. Norton, 1971.

KEOHANE, Robert; MILNER, Helen. Introdução. In: _____; _____. *Internationalization and domestic politics*. Nova York: Cambridge University Press, 1996. p. 3-24.

KITSCHELT, Herbert. *The transformation of european social democracy*. Nova York: Cambridge University Press, 1994.

KORPI, Walter. The power resources model [1983]. In: PIERSON, Christopher; CASTLES, Francis. *The Welfare State reader*. Cambridge: Polity Press, 2007. p. 76-87.

KUHNLE, Stein; HORT, Sven. *The developmental Welfare State in Scandinavia*: lessons for the developing world. Genebra: United Nations Research Institute for Social Development, 2004. (Social Policy and Development – Paper n. 17)

MERRIEN, F; PARCHET, R.; KRENEN, A. *L'Etat social*. Paris: Armand Collin, 2005.

OFFE, Claus. Some contradictions of the modern Welfare State [1982]. In: PIERSON, Christopher; CASTLES, Francis. *The Welfare State reader*. Cambridge: Polity Press, 2007. p. 66-75.

PIERSON, Paul (Ed.). *The new politics of the Welfare State*. Oxford; Nova York: Oxford University Press, 2001.

PIERSON, Christopher. *Late industrializers and the development of the Welfare State*. Genebra: United Nations Research Institute for Social Development, 2004. (Programme Paper n. 16)

_____; CASTLES, Francis. *The Welfare State reader*. Cambridge: Polity Press, 2007.

PIMENTA DE FARIA, Carlos Aurélio. Uma genealogia das teorias e modelos do estado de bem-estar social. *BIB*, n. 46, p. 39-78, 1998.

PRZEWORSKI, Adam. *Capitalism and social democracy*. Nova York: Cambridge University Press, 1985.

RODRIK, Dani. *Has globalization gone too far?* Washington, D.C.: Institute for International Economics, 1997.

RUESCHEMEYER, Dietrich; STEPHENS, Evelyne Huber; STEPHENS, John D. *Capitalist development and democracy*. Chicago: University of Chicago Press, 1992.

SCHARPF, Fritz. *Crisis and choice in european social democracy*. Ithaca: Cornell University Press, 1991.

TAVARES, José. Does right or left matter? Cabinets, credibility and fiscal adjustments. *Journal of Public Economics*, v. 88, p. 2447-2468, 2004.

Social-democracia e política – América Latina

BARBERIA, Lorena. *Distributive politics in Latin America*. The impact of democracy, elections and globalization on the Welfare State. Tese (doutorado em administração pública e governo) – Escola de Administração de Empresas de São Paulo, Fundação Getulio Vargas, São Paulo, 2008.

CLEARY, Matthew R. A 'left turn' in Latin America? Explaining the left's resurgence. *Journal of Democracy*, v. 17, n. 4, p. 35-51, 2006.

ESPINA, Alvaro. *Modernización, estadios de desarrollo económico y regímenes de bienestar en América Latina*. Madri: Fundación Carolina, 2008. (Documento de Trabalho n. 28)

FILGUEIRA, Fernando et al. *Universalismo básico: una alternativa posible y necesaria para mejorar las condiciones de vida en América Latina*. Washington: Banco Interamericano de Desenvolvimento, 2006. (Serie de Documentos de Trabajo I-57)

GOUGH, Ian; WOOD, Geoffrey D. *Insecurity and welfare regimes in Asia, Africa, and Latin America*: social policy in development contexts. Cambridge; Nova York: Cambridge University Press, 2004.

HAGGARD, Stephan; KAUFMAN, Robert R. *Development, democracy, and welfare states*: Latin America, East Asia and Eastern Europe. Princeton: Princeton University Press, 2008.

HUBER, Evelyne. Options for social policy in Latin America: neoliberal versus social democratic models. In: ESPING-ANDERSEN, Gosta (Ed.). *Welfare States in transition*. Londres: Sage Publications/United Nations Research Institute for Social Development, 1996. p. 141-191.

_____; STEPHENS, John D. Determinants of social spending in Latin America. In: LATIN AMERICAN STUDIES ASSOCIATION, 2004, Las Vegas. Mimeografado.

LANZARO, Jorge (Org.). *El fin del siglo del corporativismo*. Caracas: Nueva Sociedad, 1998.

_____. La social democracia criolla. *Análise de Conjuntura OPSA*, Rio de Janeiro, n. 3, 2009. Disponível em: <www.opsa.com.br/images/pdf/analise/60_analises_AC_n_03_mar_09.pdf>.

LUSTIG, Nora. La pobreza y la desigualdad en América Latina y los gobiernos de izquierda. *Cuadernos del Consejo Mexicano de Asuntos Internacionales*, México, n. 7, 2009.

MACHINEA, José Luis; HOPENHAYN, Martín. *La esquiva equidad en el desarrollo latinamericano*. Una visión estructural, una aproximación multifacética. Santiago: Cepal, 2005. (Serie informes y estudios especiales, n. 14)

_____; TITELMAN, Daniel; UTHOFF, Andras (Org.). *La protección social de cara al futuro*: acceso, financiamiento y solidaridad. Santiago: Documento da Cepal, 2006.

MESA-LAGO, Carmelo. *Social security in Latin America*. Pittsburgh: University of Pittsburgh Press, 1978.

PAYNE, Mark et al. *La política importa*. Washington: Banco Interamericano de Desenvolvimento, 2003.

PERRY, Guillermo et al. *Reducción de la pobreza y crecimiento*: círculos virtuoso y círculos viciosos. Washington: Documento do Banco Mundial, 2006.

SACHS, Jeffrey. Los populistas también pueden tener razón. *Nueva Mayoria*. 2006. Disponível em: <www.nuevamayoria.com/ES/PERSPECTIVAS/060407.html>.

SADER, Emir. *El nuevo topo*: los caminos de la izquierda latinoamericana. Buenos Aires: Siglo Veintiuno Editores, 2009.

SANTOS, Fabiano; ALMEIDA, Acir. A esquerda avança (sem trauma) pelo Sul do Cone. *Revista Insight*, n. 33, p. 50-60, abr. 2006.

SORJ, Bernardo; MARTUCCELLI, Danilo. *O desafio latino-americano*: coesão social e democracia. Rio de Janeiro: Civilização Brasileira, 2008.

TEICHMAN, Judith. Redistributive conflict and social policy in Latin America. *World Development*, v. 36, n. 3, p. 446-460, 2008.

Social-democracia e política – Brasil

ABRANCHES, O que se deve esperar da social-democracia no Brasil? In: TAVARES, J. Giusti (Org.). *O que esperar da social-democracia no Brasil?* Brasília: Instituto Teotônio Vilela, 2003. p. 143-187.

AMORIM NETO, Octavio. Social-democracia: Lições das experiências europeias e latino-americanas. In: TAVARES, J. Giusti (Org.). *O que esperar da social-democracia no Brasil?* Brasília: Instituto Teotônio Vilela, 2003. p. 203-219.

_____; SANTOS, Fabiano. Brazil's social-democratic experience (1985-2010). In: CONGRESSO DE CIÊNCIA POLÍTICA DA IPSA, XXII, 2012, Madri. Mimeografado.

AVRITZER, Leonardo. Sociedade civil e participação no Brasil democrático. In: MELO, C. R.; SÁEZ, M. A. (Ed.). *A democracia brasileira*: balanço e perspectivas para o século XXI. Belo Horizonte: Editora UFMG, 2007. p. 405-420.

BARBOSA, Nelson; SOUZA, José Antonio Pereira. A inflexão do governo Lula: política econômica, crescimento e distribuição de renda. In: SADER, Emir; GARCIA, Marco Aurélio (Org.). *Brasil, entre o passado e o futuro*. São Paulo: Editora Fundação Perseu Abramo; Boitempo, 2010. p. 57-110.

BOSCHI, Renato. *A Arte da associação política de base e democracia no Brasil*. São Paulo: Vértice; Rio de Janeiro: Iuperj, 1987. caps. 2 e 3.

_____. Corporativismo societal – a democratização do Estado e as bases social-democratas do capitalismo brasileiro. *Revista Insight*, n. 48, p. 84-103, 2010.

_____; LIMA, Maria Regina Soares. O Executivo e a constituição do Estado no Brasil. In: VIANNA, Luiz Werneck (Org.). *A democracia e os três poderes no Brasil*. Belo Horizonte: Editora UFMG; Rio de Janeiro: Iuperj/Faperj, 2002. p. 195-253.

CARDOSO, Fernando Henrique. *Mãos à obra Brasil*: proposta de governo/ Fernando Henrique Cardoso. Brasília: s.n., 1994.

_____. *Avança, Brasil*: proposta de governo/ Fernando Henrique Cardoso. Brasília: s.n., 1998.

____. "No poder, o PT virou social-democrata." *O Globo*, Rio de Janeiro, 1º ago. 2010. p. 18. Entrevista concedida ao repórter Gilberto Scofield.

DULCI, Luiz. Participação e mudança social no governo Lula. In: SADER, Emir; GARCIA, Marco Aurélio (Org.). *Brasil, entre o passado e o futuro*. São Paulo: Editora Fundação Perseu Abramo; Boitempo, 2010.

FRISCHTAK, Claudio. A Social-democracia brasileira: seu momento de definição. In: FÓRUM NACIONAL, XXIV – RUMO AO BRASIL DESENVOLVIDO, 2012, Rio de Janeiro. Mimeografado.

GOHN, Maria da Glória. Os movimentos sociais no Brasil a partir dos anos 1990. In: D'INCAO, Maria Angela; MARTINS, Hermínio (Org.). *Democracia, crise e reforma*: estudos sobre a era FHC. São Paulo: Paz e Terra, 2010. p. 331-347.

GONÇALVES, Reinaldo. Redução da desigualdade de renda no Governo Lula – Análise comparativa. Rio de Janeiro, 2011. Disponível em: <www.ie.ufrj.br/hpp/intranet/pdfs/reducao_da_desigualdade_da_renda_governo_lula_analise_comparativa_reinaldo_goncalves_20_junho.pdf>.

LAMOUNIER, Bolivar; FIGUEIREDO, Rubens Castro (Org.). *FHC: A era FHC, Um balanço*. São Paulo: Cultura Editores Associados, 2002.

MACIEL, Carlos Alberto Batista; CAMPOS, Edval Bernardino. Uma crônica da assistência social no governo FHC. In: D'INCAO, Maria Angela; MARTINS, Hermínio (Org.). *Democracia, crise e reforma*: estudos sobre a era FHC. São Paulo: Paz e Terra, 2010.

NICOLAU, Jairo. *Parties and democracy in Brazil*: moving toward cartelization. 2008. Mimeografado.

PASTORINI, Alejandra; ALVES, Andrea; GALIZIA, Silvina (Org.). *Estado e cidadania*: reflexões sobre as políticas públicas no Brasil contemporâneo. Rio de Janeiro: Editora FGV, 2012.

PEDERSEN, Jorge Dige. *Globalization, development and the state the performance of India and Brazil since 1990*. Londres: Palgrave Macmillan, 2008

PESSOA, Samuel A. O contrato social da redemocratização. In: BACHA, Edmar; SCHWARTZMAN, Simon (Org.). *A nova agenda social*. Rio de Janeiro: LTC, 2011. p. 204-210.

SADER, Emir; GARCIA, Marco Aurélio (Org.). *Brasil, entre o passado e o futuro*. São Paulo: Editora Fundação Perseu Abramo; Boitempo, 2010.

SAMUELS, David. Brazilian democracy under Lula and the PT. In: SHIFTER, Michael; DOMINGUEZ, Jorge. *Constructing democratic governance in Latin America*. Baltimore: Johns Hopkins University Press, 2008.

SANTOS, Fabiano. Três teses equivocadas sobre a política eleitoral brasileira. In: ITUASSU, Arthur; ALMEIDA, Rodrigo (Org.). *O Brasil tem jeito?* Rio de Janeiro: Jorge Zahar, 2006. p. 115-135.

SANTOS, Fabiano. O governo Lula e a experiência social-democrata no Brasil. In: CONGRESSO DA LATIN AMERICAN STUDIES ASSOCIATION, XXIII, 2009, Rio de Janeiro. Mimeografado.

SILVA, Luiz Inácio Lula da. *O presidente responde*: coluna semanal do presidente Lula. Secretaria de Imprensa da Presidência da República, 15 set. 2009.

TAVARES, J. A. Giusti (Org.). *O que esperar da social-democracia no Brasil?* Brasília: Instituto Teotônio Vilela, 2003.

URANI, André; ROCHA, Rudi. Posicionamento social e a hipótese da distribuição de renda desconhecida. Brasil: quão pobres, quão ricos e quão desiguais nos percebemos? *Revista de Economia Política*, v. 27, n. 4, p. 595-615, out. 2007.

VÉLEZ, Carlos Eduardo; FERREIRA, Francisco; BARROS, Ricardo Paes. *Inequality and economic development in Brazil*. Washington: Banco Mundial, 2003.

VIANNA, Luiz Werneck. *Liberalismo e sindicato no Brasil*. Belo Horizonte: Editora UFMG, 1999. cap. V.

____. O terceiro poder na Carta de 1988 e a tradição republicana: mudança e conservação. In: OLIVEN, Ruben G.; RIDENTI, Marcelo; BRANDÃO, Gildo Marçal (Org.). *A Constituição de 1988 na vida brasileira*. São Paulo: Hucitec, 2008. p. 91-109.

ZUCCO, Cesar. The president's 'new' constituency: Lula and the pragmatic vote in Brazil's 2006 presidential elections. *Journal of Latin American Studies*, v. 40, p. 29-49, 2008.

Programas de transferência de renda – Geral e Bolsa Família

AMERICAECONOMIA. Programas de transferência de renda da região viram modelo. 26 set. 2009.

O Bolsa Família e a social-democracia

ALVES, José Eustáquio Diniz. Desfamilizar o Bolsa Família. *Aparte* – site acadêmico. 24 maio 2009. Disponível em: <www.ie.ufrj.br/aparte/pdfs/ desfamilizar_bolsa_familia_24mai09.pdf>.

CEPAL. *Dinámica del gasto social, las transferencias monetarias y los programas de transferencias condicionadas*. Panorama social de América Latina. Santiago, 2009. cap. II.

COHN, Amélia; FONSECA, Ana. O Bolsa-Família e a questão social. *Revista Teoria e Debate*, n. 57, 2004. Disponível em: <http://csbh.fpabramo.org.br/o-que-fazemos/editora/teoria-e-debate/edicoes-anteriores/nacional-o-bolsa-familia-e-questao-social>.

COUTINHO, Marcelo; SANTANNA, Julia. Estados de Reacomodação social: política e políticas de combate à pobreza na América do Sul. *Estudos e cenários OPSA*, Rio de Janeiro, 2008. Disponível em: <http://observatorio.iesp.uerj.br/images/pdf/estudos/4_estudosecenarios_Estudos_Coutinho_SantAnna.pdf>.

DRAIBE, Sonia. Programas de transferência condicionada de renda. In: CARDOSO, Fernando Henrique; FOXLEY, Alejandro (Coord.). *América Latina: desafios da democracia e do desenvolvimento* – políticas sociais para além da crise. Rio de Janeiro: Elsevier; São Paulo: iFHC, 2009.

FENWICK, Tracy Beck. Avoiding governors – the success of Bolsa Família. *Latin American Research Review*, v. 44, n. 1, p. 102-131, 2009.

HOFFMANN, Rodolfo. Transferência de renda e a redução da desigualdade no Brasil em cinco regiões entre 1997 e 2004. *Revista Econômica*, v. 8, n. 1, p. 55-81, jun. 2006.

KERSTENETZKY, Celia Lessa. Redistribuição e desenvolvimento? A economia política do Programa Bolsa Família. *Dados: Revista de Ciências Sociais*, Rio de Janeiro, v. 52, n. 1, p. 53-83, 2009.

LINDERT, Kathy; LINDER, Anja; HOBBS, Jason; DE LA BRIÈRE, Bénédicte. *The nuts and bolts of Brazil's Bolsa Família Program*: implementing conditional cash transfers in a decentralized context. Washington: Banco Mundial, 2007. (Discusion Paper 709)

MDS. Ministério do Desenvolvimento Social e Combate à Fome. Disponível em: <www.mds.gov.br/bolsafamilia/>.

OLIVEIRA, Tatiana. Bolsa Família como estudo de caso sobre a dinâmica interno/externo para a produção de normas. *Observador On-Line*, Rio de Janeiro, v. 4, n. 5, 2009. Disponível em: <http://

observatorio.iesp.uerj.br/images/pdf/observador/54_observador_topico_Observador_v_4_n_05.pdf>.

RAWLINGS, Laura; RUBIO, Gloria. *Evaluando el impacto de programas de transferencias condicionadas en efectivo*. Washington: Documento do Banco Mundial, 2005.

RIOS-NETO, Eduardo. Pocket book: poverty alleviation. Condicional cash transfer has become an increasing popular form to direct aid to the poor. Do they work? *Americas Quarterly*, p. 68-75, Spring 2008.

SCHWARTZMAN, Simon. Programas sociais voltados à Educação no Brasil: o impacto do Bolsa-Escola. *Revista Sinais Sociais*, Rio de Janeiro, ano 1, n. 1, p. 114-144, maio/ago. 2006.

SENARC. Secretaria Nacional de Renda e Cidadania. *Relatório de gestão do exercício 2011*. Brasília, 2012. Disponível em: <www.mds.gov.br/bolsafamilia>.

SILVEIRA, Wilson. Lula unifica projetos sociais, mas verba já está ameaçada. *Folha de S.Paulo*, 21 out. 2003. Disponível em: <www1.folha.uol.com.br/fsp/brasil/fc2110200302.htm>.

SOARES, Sergei. Análise de bem-estar e decomposição por fatores da queda na desigualdade entre 1995 e 2004. *Revista Econômica*, v. 8, n. 1, p. 83-115, jun. 2006.

_____; SÁTYRO, Natália. *O Programa Bolsa Família*: desenho institucional, impactos e possibilidades futuras. Rio de Janeiro. Ipea, 2009. (Texto para Discussão n. 1424)

ZIMMERMANN, Clóvis Roberto. Os programas sociais sob a ótica dos direitos Humanos: o caso do Bolsa Família do governo Lula no Brasil. *SUR – Revista Internacional de Direitos Humanos*, São Paulo, v. 3, n. 4, p. 145-159, 2006.

Estado de bem-estar e social-democracia – economia

AMABLE, Bruno. *The diversity of modern capitalism*. Oxford: Oxford University Press, 2003.

BARR, Nicholas. *Economics of the Welfare State*. 4. ed. Oxford: Oxford University Press, 2004.

BARROS, Ricardo Paes et al. Sobre a queda recente na desigualdade de renda no Brasil. Documento apresentado em seminário em Brasília em

O Bolsa Família e a social-democracia

2006. Disponível em: <www.planalto.gov.br/secretariageral/foruns/static/arquivos/Palestra_Paes_de_Barros.pdf>.

CARVALHO, Fernando Cardim. Equilíbrio fiscal e política econômica keynesiana. *Revista Análise Econômica*, Porto Alegre, ano 26, n. 50, p. 7-25, 2008.

COATES, David. *Varieties of capitalisms, varieties of approaches*. Nova York: Pelgrave; McMillan, 2005.

DEEG, Richard. Path dependency, institutional complementarity, and change in national business systems. In: MORGAN, Whitney et al. (Ed.). *Changing capitalisms*? Internationalization, institutional change, and systems of economic organization. Oxford, Oxford University Press, 2005. p. 21-52.

FERREIRA, Francisco; WALTON, Michael. La trampa de la desigualdad. *Revista Finanzas & Desarrollo*, p. 34-37, dez. 2005.

_____ et al. Ascensão e queda na desigualdade de renda no Brasil. *Revista Econômica*, v. 8, n. 1, p. 147-169, jun. 2006.

GLENNESTER, Howard. *Understanding the finance of welfare*. Londres: The Policy Press, 2003.

GLYN, Andrew. *Social democracy in neoliberal times*. The left and economic policy since 1980. Nova York: Oxford University Press. 2001.

GOUGH, Ian. *The political economy of the Welfare State*. Londres: The Macmillan Press, 1979.

GOUREVITCH, Peter A. Keynesian politics: the political sources of economic policy choices. In: HALL, Peter (Ed.). *The political power of economic ideas*: keynesianism across nations. Princeton: Princeton University Press, 1989. p. 87-106.

_____. Governo de esquerda atrai mais o capital. *Jornal Valor Econômico*, São Paulo, 18 fev. 2011. Entrevista concedida ao repórter Cristian Klein. Disponível em: <www.valor.com.br/arquivo/873429/governo--de-esquerda-atrai-mais-o-capital>.

HALL, Peter. The evolution of varieties of capitalism in Europe. In: HANCKÉ, Bob; RHODES, Martin; THATCHER, Mark (Ed.). *Beyond varieties of capitalism*: conflict, contradictions, and complementarities in the european economy. Oxford: Oxford University Press, 2007. p. 39-85.

HIBBS, Douglas A. Political parties and macroeconomic policy. *American Political Science Review*, v. 71, p. 1467-1487, 1977.

JIMENÉZ, Juan Pablo; SABAINI, Juan Carlos Gómez. *El papel de la política tributaria frente a la crisis global*: consecuencias y perspectivas. In: FORO UNIÓN EUROPEA, AMÉRICA LATINA Y EL CARIBE: LAS POLÍTICAS FISCALES EN TIEMPO DE CRISIS: VOLATILIDAD, COHESIÓN SOCIAL Y ECONOMÍA POLÍTICA DE LAS REFORMAS, 2009, Montevidéu. Mimeografado.

LAVINAS, Lena. A estrutura do financiamento da proteção social brasileira e as contas da proteção social. In: DEDECCA, C.; PRONI, M. (Org.). *Economia e proteção social*: textos para estudo dirigido. Campinas: Unicamp, 2006. p. 249-274.

PONTUSSON, Jonas. *Inequality and prosperity*. Ithaca: Cornell University Press, 2005.

Diversos

BOBBIO, Norberto. *Direita e esquerda*: razões e significados para uma distinção política. São Paulo, Ed. Unesp, 1995.

LAGO, Mario. *O povo escreve a história nas paredes*. Rio de Janeiro: s.n., 2003.

LEITÃO, Miriam. *Saga brasileira*. Rio de Janeiro: Record, 2011.

SCALON, Celi (Org.). *Imagens da desigualdade*. Belo Horizonte: Editora UFMG; Rio de Janeiro: Iuperj/Ucam, 2004.

SCKOPOL, Theda. *Social policy in the United States*. Future possibilities in historical perspective. Princeton: Princeton University Press, 1995.

SANTOS, Wanderley Guilherme dos. *Cidadania e justiça*: a política social na ordem brasileira. Rio de Janeiro: Campos, 1979.

_____. *Razões da desordem*. Rio de Janeiro: Rocco, 1994.

_____. *O paradoxo de Rousseau*: uma interpretação democrática da vontade geral. Rio de Janeiro: Rocco, 2007.

SEN, Amartya. *Desigualdade reexaminada*. Rio de Janeiro: Record, 2001.

TILLY, Charles. *Democracy*. Cambridge: Cambridge University Press, 2007.

VÁRIOS. *Democracia*: cinco princípios e um fim. São Paulo: Moderna, 1996.

Livros publicados pela Coleção FGV de Bolso

(01) *A história na América Latina – ensaio de crítica historiográfica* (2009)
de Jurandir Malerba. 146p.
Série 'História'

(02) *Os Brics e a ordem global* (2009)
de Andrew Hurrell, Neil MacFarlane, Rosemary Foot e Amrita Narlikar. 168p.
Série 'Entenda o Mundo'

(03) *Brasil-Estados Unidos: desencontros e afinidades* (2009)
de Monica Hirst, com ensaio analítico de Andrew Hurrell. 244p.
Série 'Entenda o Mundo'

(04) *Gringo na laje – produção, circulação e consumo da favela turística* (2009)
de Bianca Freire-Medeiros. 164p.
Série 'Turismo'

(05) *Pensando com a sociologia (2009)*
de João Marcelo Ehlert Maia e Luiz Fernando Almeida Pereira. 132p.
Série 'Sociedade & Cultura'

(06) *Políticas culturais no Brasil: dos anos 1930 ao século XXI* (2009)
de Lia Calabre. 144p.
Série 'Sociedade & Cultura'

(07) *Política externa e poder militar no Brasil: universos paralelos* (2009)
de João Paulo Soares Alsina Júnior. 160p.
Série 'Entenda o Mundo'

(08) *A mundialização* (2009)
de Jean-Pierre Paulet. 164p.
Série 'Sociedade & Economia'

(09) *Geopolítica da África* (2009)
de Philippe Hugon. 172p.
Série 'Entenda o Mundo'

(10) *Pequena introdução à filosofia* (2009)
de Françoise Raffin. 208p.
Série 'Filosofia'

(11) *Indústria cultural – uma introdução* (2010)
de Rodrigo Duarte. 132p.
Série 'Filosofia'

(12) *Antropologia das emoções* (2010)
de Claudia Barcellos Rezende e Maria Claudia Coelho. 136p.
Série 'Sociedade & Cultura'

(13) *O desafio historiográfico* (2010)
de José Carlos Reis. 160p.
Série 'História'

(14) *O que a China quer?* (2010)
de G. John Ikenberry, Jeffrey W. Legro, Rosemary Foot e Shaun Breslin. 132p.
Série 'Entenda o Mundo'

(15) *Os índios na História do Brasil* (2010)
de Maria Regina Celestino de Almeida. 164p.
Série 'História'

(16) *O que é o Ministério Público?* (2010)
de Alzira Alves de Abreu. 124p.
Série 'Sociedade & Cultura'

(17) *Campanha permanente: o Brasil e a reforma do Conselho de Segurança das Nações Unidas* (2010)
de João Augusto Costa Vargas 132p.
Série 'Sociedade & Cultura'

(18) *A construção da Nação Canarinho – uma história institucional da seleção brasileira de futebol 1914-70* (2010)
de Carlos Eduardo Sarmento. 148p.
Série 'História'

(19) *Obama e as Américas* (2011)
de Abraham Lowenthal, Laurence Whitehead e Theodore Piccone. 210p.
Série 'Entenda o Mundo'

(20) *Perspectivas macroeconômicas* (2011)
de Paulo Gala. 134p.
Série 'Economia & Gestão'

(21) *A história da China Popular no século XX* (2012)
de Shu Sheng. 204p.
Série 'História'

(22) *Ditaduras contemporâneas* (2013)
de Maurício Santoro. 140p.
Série 'Entenda o Mundo'

(23) *Destinos do turismo – percursos para a sustentabilidade* (2013)
de Helena Araújo Costa. 166p.
Série 'Turismo'

(24) *A construção da Nação Canarinho – uma história institucional da seleção brasileira de futebol, 1914 - 1970* (2013)
de Carlos Eduardo Barbosa Sarmento. 180p.
Série 'História'

(25) *A era das conquistas – América espanhola, séculos XVI e XVII* (2013)
de Ronaldo Raminelli. 180p.
Série 'História'

(26) *As Misericórdias portuguesas – séculos XVI e XVII* (2013)
de Isabel dos Guimarães Sá. 150p.
Série 'História'

(27) *A política dos palcos – teatro no primeiro governo Vargas (1930-1945)* (2013)
de Angélica Ricci Camargo. 150p.
Série 'História'

(28) *A Bolsa no bolso – Fundamentos para investimentos em ações* (2013)
de Moises e Ilda Spritzer. 144p.
Série 'Economia & Gestão'

(29) *O que é Creative Commons? Novos modelos de direito autoral em um mundo mais criativo* (2013)
de Sérgio Branco e Walter Britto. 176p.
Série 'Direito e Sociedade'

(30) *A América portuguesa e os sistemas atlânticos na Época Moderna – Monarquia pluricontinental e Antigo Regime* (2013)
de João Fragoso, Roberto Guedes e Thiago Krause. 184p.
Série 'História'